De l'inactivité forcée
à l'activité libérée

Comment j'ai vaincu le chômage à 58 ans !

Patrick Louis RICHARD

Table des matières

Introduction

Parce que dans la vie rien n'est fatalité.

Parce que rien n'arrive par hasard.

Parce que rien ne nous fait du mal, en dehors de la maladie, si nous décidons de ne pas avoir mal.

Parce qu'enfin, tant qu'il y a de la vie, il y a mille opportunités de lui donner un sens, d'inverser son cours.

Aucune épreuve professionnelle n'est durablement gravée, dans le marbre.

« De l'inactivité forcée à l'activité libérée, comment j'ai vaincu le chômage à 58 ans ! » n'est pas le shopping des x bonnes recettes, tirées de toute littérature sur le sujet, mais le témoignage, sincère et sans détour, d'un être humain qui, comme beaucoup d'autres, a fait appel à son radar de survie pour réussir ce que beaucoup avaient déjà vu, comme une fin.

« Vaincre », tout simplement, parce que sortir de l'inactivité forcée est bien plus qu'une volonté, c'est une lutte, un combat de chaque instant.

« Qui n'est jamais tombé n'a pas une juste idée de l'effort à faire pour se tenir debout. »

Multatuli

Quand l'inactivité forcée fait irruption dans mon adolescence !

Mon immersion dans l'inactivité forcée* et ses conséquences débute, dès l'âge de seize ans, lorsqu'elle touche directement mon père ; plus précisément au cours des années 1973-74, en pleine crise économique mondiale. Étrange similitude avec ce que je vais traverser une génération, plus tard.

(*) Inactivité forcée à notre propre initiative : activité qui n'est pas ou plus en correspondance avec nous-mêmes, avec ce à quoi nous aspirons, ou à l'initiative d'autrui : mise en inactivité forcée, suite à un licenciement, principalement.

Après deux décennies, passées en Afrique et en particulier au Maroc, à œuvrer sur de grands chantiers, mon père décide de revenir en France, le pays de ses racines, avec femme, enfants (deux), chien et bagages, ainsi qu'un contrat de travail en poche.

Un tremplin, en quelque sorte, entre une vie à l'étranger, pleine d'aventures et d'exotisme, mais aussi de longues séparations, et la vie, sédentaire et familiale, que le retour dans son pays d'origine s'apprête à lui faire connaître ; tout du moins en théorie.

Trois jours à peine viennent de s'écouler, sur le territoire, et comme si la vie était un éternel recommencement : son propre père l'avait convaincu à l'âge de dix-huit ans de quitter la France, pour partir là où il pourrait donner des ailes à sa carrière et à sa vie, tout court, voici mon père confronté à une situation, qu'il était à mille lieues d'imaginer.

Tout le contraire de ce qui lui a été présenté, quand il était encore au Maroc. Bien loin de ses valeurs au travail et du souhait qu'il avait clairement exprimé, à savoir exercer son métier en plein air, les trois-quarts du temps.

Il n'est nullement question pour lui de travailler dans un bureau, à réaliser des études d'ouvrages ou de chantiers pendant des journées entières, sans mettre les pieds sur le terrain, pour participer, physiquement et activement, à leur édification, à leur construction.

Aussi, ce qui devait arriver arriva ! Il est parti sans être vraiment venu !

Plongé malgré lui, mais également du fait de sa décision unilatérale, dans l'inactivité forcée : certains n'ont pas manqué de lui rappeler qu'en période de crise, on se contente de ce que l'on trouve, mon père s'est mis à rechercher un nouvel emploi.

Les jours s'enchaînent et au fil de ses candidatures, de ses entretiens, le désarroi et la crainte de perdre les économies de toute une vie, marquent son visage ; son comportement devient plus autoritaire, plus agacé, moins à l'écoute, moins patient.

Désœuvré avec une famille à charge, deux enfants en pleine période cruciale de leur scolarité, il perd, peu à peu, ce qui a toujours été son moteur, à savoir l'amour du travail bien fait, travail très dur qui plus est ; bien conscient que la moindre erreur sur la construction d'une route, d'un barrage, etc., peut avoir des conséquences dramatiques.

Ce jour restera à jamais gravé dans ma mémoire. L'année même où je dois passer mon bac de Français, avec de bonnes perspectives de réussite, élève assidu et doué que je suis sans prétention, mais dans les faits : notes et appréciations de mes professeurs, je vois encore, à cet instant où j'écris ces lignes, en ce mercredi exempt de cours pour moi, mon père pointer son index, vers la porte. Et me dire d'un ton déterminé : « *C'est fini l'école, Patrick. Tu vas faire comme moi à ton âge, travailler. Je ne peux plus rien faire pour toi. Et commence à chercher tout de suite, tu as le temps, c'est mercredi !!!* ».

Sa consigne est on ne peut plus claire et toute réaction à chaud de ma part ne ferait qu'envenimer la situation. En l'espace de quelques secondes, l'inactivité forcée de mon père a effacé huit années de rêve ; le rêve de devenir un jour chirurgien du cœur, à la fois ma passion et mon vœu le plus cher, de servir l'humain, en le sauvant.

« *Sauver* » prend ici tout son sens, parce que c'est en sauveur que je me comporterai les années qui suivront ; sauveur des autres et victime de moi-même. Ce paradoxe qui m'a déstabilisé jusqu'à aujourd'hui et dont je suis quasiment sorti, grâce à un travail entamé sur moi-même : une adolescence sacrifiée, après une enfance maltraitée.

Tremblant de tout mon cœur et l'âme désemparée, comme si le ciel était tombé sur ma tête, me voici à descendre en ville pour chercher du travail à l'âge de seize ans, comme perdu au milieu du désert ; mes yeux embués qui floutent encore plus ma désolation.

Fort de cette incroyable volonté, acquise par la pratique de plusieurs sports, de ne jamais baisser les bras, pour atteindre mes objectifs, j'espère, au fond de moi-même, que personne ne daignera à m'embaucher, poussant ainsi mon père à revoir son exigence et à me laisser aller jusqu'au bout de mes études.

Arrivé à destination, la première idée qui me vient à l'esprit est d'aller frapper à la porte de la banque pour laquelle j'avais travaillé deux ans plus tôt, pendant la période des vacances d'été ; toujours pris dans cette contradiction, à savoir celle de ne pas revenir bredouille à la maison et celle d'éviter le pire en arrêtant mes études, si près de la fin de l'année scolaire et du bac de Français.

Quel soulagement, quand le directeur me dit, gêné qu'il était, parce qu'il avait apprécié le sérieux de mon travail, qu'il venait juste de recruter quelqu'un ; mais qu'il était prêt à m'embaucher pour les vacances. De cela, il en aurait pu être question, mais ne sachant pas trop comment mon père réagirait, je prends congé du directeur en le remerciant de sa bienveillance à mon égard. Situation si agréable dans ce défilé de brimades et de mauvais coups que je traverse.

Premier succès ? Première défaite ? Je n'arrive pas à me résoudre à rentrer à la maison. Quelle histoire, vais-je raconter à mon père ? Comment puis-je le convaincre de ma bonne foi, alors que je me suis contenté pour l'instant de voir qu'un seul employeur potentiel ?

J'ai faim, mais je n'ai pas d'argent sur moi pour m'offrir ne serait-ce qu'un pain au chocolat et faire faire une pause à ce cas de conscience que je vis depuis plusieurs heures. Aussi, je m'aventure dans une impasse, comme celle qui s'ébauche pour ma propre vie.

Tout au bout, se trouve l'agence du Crédit Agricole de Montereau-Fault-Yonne ; une belle et vaste agence au milieu des marronniers. Je pousse la porte en verre ; traverse le SAS d'entrée et entends une voix me dire, avec délicatesse : « *Que puis-je faire pour vous, jeune homme ?* »

Jeune homme ? Plus vraiment jeune, dans l'esprit de mon père et pas vraiment homme, dans le mien ; tout pataud que je suis. Moi qui ai appris le sens du service, avec mon épicier du coin à Rabat, voici que je reçois ces douces paroles comme un cadeau. Je lève les yeux et devant moi se tient une très jolie jeune dame, d'une élégance raffinée, portant des lunettes à la monture violette et une tenue aux couleurs assorties. Elle me rappelle, l'espace d'un instant, ma chère et tendre amie de collège, laissée au Maroc, comme tous mes plus beaux souvenirs.

Ainsi mis à l'aise, je lui explique les raisons de ma présence et détaille l'exigence de mon père à mon égard, dans son contenu comme dans ses circonstances. Elle s'en émeut, puis s'absente quelques instants, prenant congé de moi avec des mots que j'ai eu plaisir à entendre.

De retour d'un bureau logé au fond d'un long couloir, longé de grands placards en bois clair, celui du directeur comme j'allais le découvrir plus tard, elle me dit, avec un sourire aussi lumineux qu'un rayon de soleil, la même chose que le directeur de l'autre banque.

À savoir qu'il n'y a pas de poste vacant pour le moment, mais qu'un stage, pour les vacances, est du domaine du possible, sur présentation d'une lettre de motivation et après un entretien avec le Proviseur de mon lycée.

Je lui réponds, avec assurance cette fois, que je vais en parler à mon père et la remercie d'un sourire, en retour du sien, qui en dit long sur mon immense soulagement ; celui de la sensation du devoir presque accompli.

Pourquoi ? Parce que mon père ne pourra que constater combien les circonstances plaident en faveur de la poursuite de mon année scolaire ; tout en répondant à sa demande de m'assumer, en gagnant de l'argent.

D'un pas assuré, voilà que je remonte la côte bien raide, au milieu de jolies bâtisses d'architectes, qui me reconduit chez moi. Pardon, chez mes parents, car je n'avais déjà plus de chez moi, dans ma tête. En faisant quelques haltes, non pas par fatigue, mais parce que soudain une angoisse m'envahit de nouveau. L'angoisse que mon père exige que je trouve un travail, tout de suite, en cette fin du mois d'avril, sans attendre les deux mois à peine qui restent avant la fin de mon année de première C.

À peine l'entrée franchie, du fond de son fauteuil en cuir marron, usé par ses va-et-vient incessants dans le salon, à ronger son frein, mon père me dit d'un ton, tout aussi déterminé que lors de sa précédente demande ou exigence plutôt : « *Bon, as-tu trouvé un travail ? Il vaut mieux pour toi, Patrick, je t'assure !* ».

Alors que lui-même a été dans l'incapacité d'en trouver un pendant des mois, et en oubliant complètement mon jeune âge, mon inexpérience, il me demande si j'ai trouvé un travail, en l'espace d'une descente en ville et de deux banques visitées.

Ne serait-il pas sur le point de devenir fou ? N'allait-il pas de nouveau me prendre pour exutoire de son mal-être, à l'épreuve du chômage ? Devrais-je retourner d'où je viens, comme il m'a poussé à le faire, sans le moindre égard, un jour quand je suis rentré le visage ensanglanté par une chute de pierres sur le dessus du crâne, lors d'une escalade en forêt de Fontainebleau ?

Cette fois, pas possible de me laisser faire ; je suis un adolescent studieux, sans problèmes, avec une personnalité affirmée, sportif, respectueux, mais aux ordres de personne, lorsqu'ils sont injustes ou égocentriques. D'une voix calme, je lui dis, en ces termes : « *Non Papa, je n'ai pas encore trouvé de travail. J'ai vu deux banques qui recherchent des stagiaires d'été. Je suis trop jeune, de leur point de vue, pour un travail à durée indéterminée.* »

Et là droit comme un i, il se redresse et vocifère, de toutes ses forces : « *S'il n'y a pas de travail dans les administrations, cherche à l'usine. Fais comme ton père, il a travaillé aux Halles à soulever des cageots, le dos ensanglanté, la nuit pour payer ses études et aider ses frères et sœurs.* »

Un monde particulièrement dur, mais d'une autre époque ; du moins, je le pensais jusque-là. N'ai-je pas entendu dire que le principal souhait des parents, enfin des parents normaux et aimants, est que leurs enfants réussissent mieux qu'ils ont eux-mêmes réussi ; qu'ils soient plus heureux qu'eux ; qu'ils ne vivent pas les mêmes épreuves ?

Eh bien non ! Mon père, quand il était désœuvré, perdait toute référence éducative. Puis parce qu'il s'est certainement rendu compte qu'il avait été un peu loin, il est retourné s'asseoir dans son fauteuil et moi dans ma chambre.

Le jour suivant, je retrouve mes camarades de lycée et mes professeurs, avec cette cicatrice ouverte dans mon cœur. Celle de savoir qu'un jour prochain la porte des études, celles que j'envisageais en chirurgie cardiaque, se refermerait devant moi, à cause de ce fléau qu'est le chômage et d'autant plus, quand il survient à un âge avancé et en période de crise.

J'en voulais à mon père, sans lui en vouloir en fait ; très ambiguë comme situation. Certes, il était très dur, mais je n'ai jamais vraiment su, si c'était pour mon bien ou si c'était parce qu'il avait lui-même eu une enfance, faite de maltraitances et de manque d'amour ; ou les deux peut-être.

Déboussolé et pour avoir leur avis, je décide de parler, à mes professeurs de mathématiques et d'histoire, de ma situation. Ils sont interloqués et décident d'en parler à leur tour et au plus tôt, au Proviseur du lycée. Un lycée de qualité dans une cité ouvrière pour ne pas dire dortoir, au beau milieu d'un bois où je me plaisais à courir des cross durant l'automne avec mes camarades de classe. Le sang du Proviseur ne fait qu'un tour ; il sait combien je suis un brillant élève et que ce serait un pur gâchis que d'interrompre mon année de première, si près du but.

Aussi, comme il l'aurait fait pour son propre fils, le Proviseur décide de se rendre à mon domicile, voir mon père et ma mère, ensemble. L'accueil est un mélange de convivialité et d'étonnement.

L'échange s'éternise. Derrière la porte à peine ouverte de ma chambre, mon cœur, si souvent oppressé, palpite très fort. Je glisse l'oreille, mais la conversation est si saccadée que je n'en capte que des petits bouts.

Enfin, la clé dans la serrure tourne et la porte d'entrée se referme d'un claquement, aussi bref que sonore. Sans hésiter, mais pas du tout rassuré, je m'avance vers le salon. Mon regard se croise aussitôt avec celui de ma mère. Ses yeux brillent et les miens les suivent par mimétisme. C'est fait, je vais pouvoir passer mon baccalauréat de Français normalement.

Les semaines ont passé, mon baccalauréat de Français s'est déroulé pour le mieux. D'ici un ou deux mois, je vais aller travailler comme stagiaire au Crédit Agricole ; ma candidature, ayant été retenue pour un stage de trois mois, maximum.

Mon père n'a toujours pas trouvé de travail. Il s'enfonce encore plus dans son fauteuil, de tout le poids de son désarroi, de son incompréhension et de sa lassitude. Comment, avec la richesse de son expérience ainsi que les succès qu'il a obtenus, peut-il encore se trouver au chômage ?

Cette situation m'attriste, au plus profond de mon âme. Je savais combien les chantiers avec l'ambiance, collaborative et chaleureuse, qui les entourait, lui manquaient. Aussi, un jour, fait de bonnes intentions réciproques, je m'installe avec lui autour de la table de la salle à manger et je lui dis, d'un ton compatissant et pédagogue : *« Tu sais Papa, pourquoi n'orientes-tu pas tes recherches vers les grands groupes de travaux publics qui travaillent énormément avec l'étranger, l'Afrique notamment, que tu connais sur le bout des doigts. Et si tu veux maintenant que ma façon de rédiger est reconnue par un diplôme - j'esquisse un petit sourire en coin malicieux - je peux t'aider pour ton CV et ta lettre de motivation. »*

Notre complicité naissante ou retrouvée était belle à voir, quand nous abordions les sujets qui nous passionnaient ; marché père-fils conclu, lettre de candidature rédigée !

Et voilà qu'un mois plus tard, alors que je viens de commencer mon stage au Crédit Agricole avec une entrée plutôt réussie et un souvenir gravé dans ma mémoire que je raconterai ensuite, le facteur dépose dans notre boîte aux lettres le courrier du groupe Dumez qui va définitivement sortir mon père de son fauteuil.

Joie immense à la maison, dont nous nous délections comme les excellents plats que ma mère savait préparer de ses racines marocaines. Mon père venait de trouver le poste et l'entreprise qui allaient être ceux de sa vie. Quelle formidable carrière s'est alors ouverte pour lui, de nouveau en Afrique, mais au prix de quels sacrifices ?

Et le souvenir de cette répartie qui fait corps avec moi, encore aujourd'hui. Au bout d'un mois de stage, le Directeur de l'agence du Crédit Agricole s'approche de moi et me dit : *« Patrick, où en es-tu de tes instances ? »*.

Et d'un ton aussi assuré qu'une cordée par son chef, je lui réponds : *« Vous savez Monsieur le Directeur, même si je ne suis qu'un jeune sans expérience encore, j'ai suffisamment de conscience professionnelle, pour savoir comment m'organiser au mieux. »*

Très vite, je me suis rendu compte que j'y étais peut-être allé un peu fort. Mais le Directeur, un homme, aussi brillant qu'élégant, me glissa à l'oreille, d'un ton protecteur et avec son accent toulousain que j'adorais : *« Tu as raison et tu vas aller loin, mais surtout évite de dire des choses comme celles-là à tes collègues, tu vas mettre le feu à l'Agence ! »*

La période de stage a pris fin et le contrat associé aussi. J'ai été très déçu qu'eu égard à la qualité de mon travail, reconnue à la fois par les équipes et par la Direction, aucune proposition de rester ne m'a été faite.

En panique, car seul en France à devoir m'assumer complètement, mes parents étant partis à l'étranger, il me fallait absolument trouver un travail stable. Et le chemin le plus court a été que je fasse acte de candidature là même où j'avais effectué mon stage, avec succès.

Seulement la vie a continué à me mettre des bâtons dans les roues. Ma candidature n'a pas été retenue et aucun retour ne m'a été fait, sur le motif précis. C'était sans compter, une nouvelle fois, sur la détermination qui m'animait. Après quelques questionnements à droite et à gauche, j'ai réussi à connaître le pourquoi. Ma langue m'avait perdu !

Sans aucun doute, parce que j'ai eu la naïveté de dire, à la compagne d'un de mes voisins d'immeuble, que mon vœu le plus cher était de devenir chirurgien du cœur. Recherchant elle aussi un poste dans une banque et ayant été interrogée pour savoir si elle me connaissait, nos adresses étant identiques, elle a convaincu la Direction de ne pas me recruter, car cela signifierait investir en temps et en formation, sur un candidat qui, à tout moment, pourrait partir.

Déterminé à ne pas en rester là, je prends mon courage à deux mains. Ainsi, je décroche le téléphone pour tenter de joindre le Directeur des Ressources Humaines de la Caisse Régionale du Crédit Agricole dont dépendait l'agence, au sein de laquelle j'avais fait mon stage.

À ma grande satisfaction, je parviens à lui parler, directement. Sans hésiter et avec bienveillance, il me propose de rencontrer son adjointe, psychologue de formation. Heureux d'avoir marqué un point, une sensation étrange m'envahit, toutefois. Elle est faite de joie, mais également d'angoisse. Comment vais-je arriver à persuader une psychologue que j'ai définitivement renoncé au rêve qui m'habitait depuis des années ?

Il me fallait gagner ce premier combat de ma vie professionnelle, coûte que coûte ; nullement question de me retrouver à la rue, avec des parents à des milliers de kilomètres de là.

Je me rappelle avoir acheté ma première cravate et passé de très longues minutes à essayer de faire un nœud, ressemblant à quelque chose. L'heure du rendez-vous est arrivée. À chaque question posée, je me débrouille pour donner la plus judicieuse des réponses. Aux acquiescements de la tête de la psychologue, ma main, placée dans mon dos, répond par un signe, aussi bref que résolu, avec ma petite voix intérieure qui me dit : *« Ne lâche rien, Patrick, ça va le faire. ! »*

C'est fait, ma persévérance a payé, je suis bel et bien recruté. Me voici quelques jours plus tard dans le bureau du Directeur, à l'accent toulousain et à l'humanisme que je n'oublierai jamais, pour signer mon contrat de travail à durée indéterminée.

Cinq années passées ensemble ; un apprentissage comme jamais je n'ai eu, avec un mentor exceptionnel et des collègues, adorables et compréhensifs. Ce rôle de mentor, plus que celui de parent autoritaire, que j'aurais aimé voir tenu par mon père. Et que je vais aller chercher, dans l'univers professionnel, durant de très longues années, avec une réussite, mi-figue mi-raisin.

Cette immersion parentale, dans l'univers du chômage et de ses incidences, a été pour moi :

➢ L'obscur, avec la fin de mon rêve de devenir chirurgien du cœur et avec mon entrée, bien trop précoce, dans le monde des adultes et ses tracas ;

> La lumière, avec le retour de mon père à la vie active, dans les meilleures conditions, et avec l'entrée pour moi, dans cette même vie active, avec un accompagnement et avec une formation, internes, dont je n'ai pas à rougir ; à défaut d'avoir pu poursuivre mes études, via le circuit habituel.

« Le bien et le mal reçoivent toujours leur récompense ; elle arrive seulement un peu plus tôt, ou un peu plus tard. »

Proverbe chinois

Quand l'inactivité forcée vient frapper à ma porte, à plusieurs reprises !

Il faut avoir vécu l'inactivité forcée, pour savoir ce qu'elle signifie vraiment. Cette lecture du chômage par ceux qui ne le connaîtront jamais comporte quelque chose de dérangeant, pour ne pas dire de choquant, car le chômage est tout sauf des chiffres ; des statistiques ; une courbe à inverser ; de l'empathie voire même de la pitié ; une fatalité ; un passage inévitable, notamment pour les autodidactes et les seniors, sans oublier les difficultés que les juniors ont pour trouver leur premier emploi.

Le chômage est un passage à l'inactivité, alors que la volonté de travailler est manifeste, d'où l'inactivité forcée, dans la plupart des cas, qui plonge dans l'insécurité ; qui interroge sur soi-même et sur sa place dans la Société ; qui oscille entre un sentiment d'injustice et un sentiment de culpabilité ; qui réduit sensiblement ses ressources financières ; qui éloigne ses amis et qui provoque des tensions parmi ses proches ; qui remplace la compagnie par la solitude forcée ; qui met de la survie dans sa vie ; qui dérègle sa santé et son mental, pouvant aller jusqu'à faire penser au pire ; qui donne un sentiment d'inutilité, de rejet, d'exclusion.

Mais aussi l'opportunité unique de se poser vraiment ; de se ressourcer ; d'oser faire ce qu'on n'aurait jamais fait ; de se réaliser ; de trouver mieux encore ; de se faire de nouveaux amis ; de changer de vie proprement dit.

Le chômage ou l'inactivité forcée est cet incident de parcours de la vie professionnelle et de la vie tout court, singulier ou pluriel, dont les causes sont de nature différente et les conséquences dépendantes de la situation économique, générale et personnelle, mais aussi du mental, de cette capacité extraordinaire de l'Humain à ne jamais baisser les bras, à ne jamais renoncer, face à l'adversité.

Il n'est que très rarement un arrêt d'activité professionnelle volontaire, sauf à prendre le risque de perdre délibérément son emploi, sur un coup de tête, de blues, de burn-out, d'envie d'aller voir ailleurs ; de faire le pari fou de trouver un travail rapidement.

C'est un tunnel de doute et d'espoir, dont nul ne connaît ni la longueur ni les obstacles qui se trouveront à l'intérieur et qui ralentiront la marche, pour rejoindre cette torche en vue d'éclairer le chemin vers la sortie.

L'inactivité forcée est venue frapper à ma porte, à plusieurs reprises dans mon parcours professionnel ; à croire qu'elle devait être là pour éprouver mes capacités à tomber au fond du gouffre et à en ressortir plus grand et plus fort, encore.

En voici le tracé fidèle, issu de ma mémoire, d'autant plus libérée qu'au moment où j'écris ce livre, j'ai définitivement tourné le dos à l'inactivité forcée.

Après mon immersion, adolescente et parentale, dans l'univers du chômage ; après quelques situations épisodiques où je me suis retrouvé sans activité, plus maladroitement que volontairement, mais sans dommages cependant parce qu'elles ont été de courte durée, le monde du travail s'est soustrait à moi, par allers-retours, parfois au plus mauvais des moments ; étrangement, comme si l'histoire du fils devait suivre le sillon, tracé par celle de son père, à chaque fois en pleine crise.

Cependant, avant d'évoquer plus en détail ces allers-retours ainsi que leurs conséquences, voici le récit des circonstances qui les ont précédés ; déterminantes notamment pour comprendre la situation psychologique dans laquelle je vais me trouver, dès l'entrée, dans de ce qui deviendra l'interminable tunnel du chômage.

Situation de mal-vécu qui, par ailleurs, allait inexorablement m'inscrire dans un cycle « *entrée-sortie du tunnel* » à répétition. Ce mal-vécu de la fin de la plus belle expérience au travail de ma vie, mais aussi celui de n'avoir jamais pris le temps de me poser, pour apprendre à vivre tout simplement, tant j'ai laissé filer mes jours, sans contrôle, dans la crainte de toujours trouver l'abandon et l'insécurité, au bout du chemin. Une réitération, consciente ou inconsciente, de mon adolescence, comme si la vie, pour moi, ne pouvait pas être sans souffrances, sans peurs, sans luttes, sans sanglots.

Neuf années épanouissantes, passées au sein d'un groupe de télécommunications mondial, audacieux, visionnaire, à la communication, au marketing et aux offres, décalés, qui est venu bouleverser un marché monopolistique, en aidant les consommateurs à ne plus se cogner la tête avec leur guitare, quand ils recevaient leur facture.

Une culture anglo-saxonne, venue du nord, comme je l'aime, associant à la fois rigueur ; sens du résultat ; objectivité ; valeurs humaines ; plaisir au travail et reconnaissance du talent. Culture bien éloignée de celle où les exigences de forme priment celles de fond ; où la soumission à la hiérarchie est poussée à l'extrême, avec un esprit de clan, développé depuis les bancs des grandes écoles ; hiérarchie, au tapis rouge déroulé devant elle, bien trop souvent guidée par son ego, par sa soif de réussite et par ses certitudes.

Tout a commencé, par un recrutement direct par l'entreprise, l'idéal pour moi, tant ceux confiés à des cabinets de chasse de têtes m'avaient laissé des souvenirs plutôt mitigés ; non pas par les processus de recrutement très professionnels, mais par les comportements de certains en entretien, avec des paroles qui relevaient parfois plus de conclusions bien hâtives que de l'apprentissage attentif du candidat, avec cette constance à déstabiliser plutôt qu'à présenter, par exemple, la réalité des conditions d'exercice du poste à pourvoir. Ceci sera évoqué dans le détail, plus tard.

Trois entretiens au total sont prévus, ce qui est plutôt rare dans le parcours de recrutement d'un cadre de direction. Le premier avec le Directeur du Marketing, un homme précis dans son questionnement et dans sa présentation de la mission qui me serait confiée, très à l'écoute ; qui a pris le soin de me questionner sur les nombreuses références faites à mon père. Le second avec le Directeur Général, que je vais décrire juste après.

Il y a urgence, la Marque se lance en France, dans moins d'une semaine, avec un plan Marketing ambitieux, s'appuyant au niveau opérationnel, pour le recrutement de milliers de clients et pour la gestion de la relation Client, sur les équipes qui me seraient confiées, en responsabilité, directe et indirecte.

Je me vois gravir, deux par deux, les marches métalliques qui conduisent à une mezzanine, avec au fond la salle de réunion ; là où le Directeur Général m'attend, dans une décontraction si agréable qu'il m'a fallu très peu de temps pour cesser d'être intimidé et pour retrouver un rythme cardiaque normal. Un homme affable, les jambes croisées sur une petite table, vêtu d'un jean et d'une chemise, noirs. Le profil type du Directeur Général qui maîtrise son sujet ; impatient de voir le projet qu'il a construit, avec une poignée de pionniers de haut calibre comme lui, entrer dans sa phase opérationnelle.

Franchement, je me suis demandé qui était le recruteur et le recruté. Curieux à souhait de ma vision et de mon expérience du Client, je ne me souviens pas avoir évoqué un instant mon parcours ou très peu ; un vrai délice d'entretien, pour un candidat. Après s'être assuré de ma bonne compréhension du contexte particulier et novateur de la Marque ainsi que des challenges, aussi audacieux qu'insolites, qui m'attendaient, il prend congé de moi, le sourire aux lèvres, en homme pressé qu'il est ; son portable venant de sonner, en main. Il me dit à lundi, en me précisant qu'il me reste à rencontrer la Directrice des Opérations Client Groupe de passage à Paris, en provenance de Suède.

Le troisième et dernier entretien est empreint de rigueur et de convivialité, avec une dame aussi grande, par la taille et la prestance, que par sa connaissance pointue de la Relation Client, à l'international. Un discours, tiré à quatre épingles, où chaque mot prononcé trouve sa juste place. Une question, pratique et précise, relative à un dysfonctionnement impactant un grand nombre de clients, en vue d'apprécier ma capacité à prendre les bonnes décisions ; une réponse précise et assurée de mon côté, et voilà que s'affiche sur son visage le sourire de la validation de mon embauche, mais pas seulement, la validation également de mon aptitude à pouvoir travailler en étroite synergie avec elle. En effet, la France est le pays où elle envisage de tester les meilleures pratiques du Groupe, afin de les déployer ensuite, en Europe du Sud et partout où le Groupe est implanté.

Me voici plongé dans le grand bain de ce qui allait devenir l'une de mes plus belles expériences managériales, collaboratives et humaines au travail. Quel bonheur, quand on a dans son ADN les gènes d'un bâtisseur, que de pouvoir édifier de toute pièce et à moindre coût l'organisation qui va accompagner le développement et la fidélisation, en Europe, de plus de huit millions de clients qui ne téléphoneront plus, avec un minuteur devant eux.

De challenge en challenge, toujours plus audacieux l'un que l'autre, comme passer de quarante mille clients à recruter, en un mois, à cent-vingt mille à recruter le mois suivant, et ce, avec la confiance stimulante du Directeur Général, devenu Vice-président du Groupe, qui mettait sans cesse la barre très haut, notamment pour mes équipes et moi-même.

Il n'était pas le seul à le vouloir bien sûr, car les actionnaires veillaient au grain. Mais c'était tellement excitant d'être en permanence en mode « *compétition saine et loyale* », pour ne pas dire en mode « *addiction aux challenges* », avec une motivation rechargée à l'adrénaline.

Tout ceci en traquant le moindre euro dépensé, parce qu'il était inenvisageable de laisser déraper les coûts ; parce que proposer aux clients les meilleurs tarifs du marché, était au cœur de la stratégie de développement.

Et pour couronner le tout, le principal prestataire de service hébergeant l'ensemble des opérations clients, de la vente par téléphone au service client, était une société appartenant au même groupe, donc qui reportait au même Président !

À l'évidence, j'ai rejoint une fantastique équipe de tarés, avec une motivation exemplaire et une culture du Client qui fait la différence. Certes, tout n'était pas cousu de fil blanc, mais les défis, aussi insensés soient-ils, j'adore ça, et fédérer mes équipes autour, encore plus !

C'est clair que les journées passaient bien vite, que le moteur de ma voiture n'avait pas le temps de refroidir, n'ayant que quelques heures devant moi, quand je rejoignais mon domicile et ma famille.

Rares sont ces périodes d'exaltation professionnelle où tout est réuni humainement, pour un épanouissement le plus total.

Mais le bonheur, quel qu'il soit au travail et ailleurs, sait aussi avoir une fin. Le savoir est se préparer afin de vivre cette terminaison le mieux possible. Pas vraiment simple cependant de retomber sur terre, quand on est sur un nuage.

De ce nuage, je suis retombé en 2007, quand la filiale en France a été vendue, emportant ainsi cette magnifique aventure profession- nelle, vécue de tout mon être, avec des managers et des équipiers remarquables.

Aventure professionnelle dont je n'ai jamais vraiment pu et su me remettre pendant longtemps, à commettre souvent ensuite l'erreur de croire que je pourrai la revivre ailleurs, en toute similitude ou presque.

Très exigeant vis-à-vis de moi-même, je le suis devenu vis-à-vis de mes hiérarchiques potentiels et réels. À avoir connu l'exemplarité en matière de management et d'émulation, il n'était plus envisa- geable pour moi d'accepter la moindre approximation dans ce do- maine, sachant qu'il me serait difficile, voire impossible de changer les personnalités et les comportements ; l'ego étant souvent associé à l'exercice du pouvoir.

Et ceci explique les divers désagréments, rencontrés notamment ces dix dernières années avant ma retraite, à avoir les pires difficultés à retrouver un nouveau travail, après l'avoir perdu, avec d'excellents résultats, personnels et d'équipe, reconnus, simplement parce que j'ai refusé de renoncer à mes valeurs, sous l'autorité de personnes dont je ne pouvais cautionner ni les discours ni les actes.

Certainement que les années passant, j'ai eu envie de faire de moins en moins de concessions, de ne pas être l'ombre de moi-même, le miroir que les autres voulaient que je sois, mais plutôt de capitaliser sur ma riche expérience et être en mesure de la transmettre, librement, et encore moins quand ces contraintes pouvaient venir de hiérarchiques qui se positionnaient plus en donneurs de leçons qu'en véritables leaders, meneurs d'hommes et de femmes.

Aléas, provoqués ou subis, qui ont eu de sérieuses conséquences, avec de douloureuses périodes d'inactivité à la longueur imprévisible, en partie causées par une lecture de mon parcours rendue délicate, du fait de la fréquence et de la courte durée de mes dernières expériences.

Les recruteurs potentiels ne sont pas enthousiastes pour sélectionner des candidats, dont les parcours montrent des signes d'instabilité. Et pourtant à voir le nombre hallucinant de contrats de courte durée proposés, la question d'un profond changement, dans les critères retenus dans la manière de recruter, se pose sérieusement. Sujet qu'il serait trop long de développer ici, mais si actuel avec la révolution des métiers, apportée par le Numérique et celle du recrutement, via les réseaux sociaux professionnels, en particulier.

Et puis la donne n'est plus la même qu'il y a dix ans, par exemple. Les crises à répétition n'aidant pas, il est de plus en plus difficile de retrouver un travail, avec le meilleur bagage qu'il soit, sans brader son salaire et ses compétences.

Le travail est devenu un luxe réservé et organisé ; une denrée rare et qui plus est à des postes à hautes responsabilités. Un étrange paradoxe, pour ne pas dire un tout et son contraire, que de voir les entreprises publiques comme privées être confrontées à des challenges de plus en plus pointus, alors qu'elles laissent pendant de longs mois sur le carreau les compétences qui pourraient les aider à réussir ces challenges, haut la main.

Situation paradoxale que j'ai pu rencontrer également, alors que j'étais en poste, où ce sont assez souvent des *« bons soldats »* qui sont attendus et promus, bien plus que des salariés capables d'oser et de s'opposer à certaines décisions, simplement parce qu'elles leur semblent hasardeuses ou plus égocentriques, qu'autre chose.

Que faire ? Rester en poste, en fermant les yeux sur mes erreurs de casting : engouement, pour ne pas dire excitation à me jeter dans la gueule du loup, du fait de la rareté des propositions ou bien tout faire pour partir, avant la fin de la période d'essai si possible, et prendre le risque de devoir attendre longtemps, avant de réintégrer le monde du travail ?

Tel était le « *dilemme décisionnel* » qui se présentait à moi. Dilemme qui a tourné dans 100 % des cas au départ !

Il me semble important de préciser que quand le marché de l'emploi est tendu, ce qui est le cas depuis de nombreuses années, les risques sont partout : pauvreté et inadéquation des offres proposées, quand nous sommes retenus et incertitude totale sur le temps pour retrouver un nouvel emploi, quand nous partons.

À ce stade, si je me livre à un bilan chiffré, voici ce qui me revient spontanément :

⇨ Depuis 2008, alors que cela a été seulement le cas à deux reprises en trente ans, avant, j'ai connu quatre situations de mise en inactivité forcée, dont trois qui ont engendré plus de six mois de recherches, avant de trouver un nouveau poste.

⇨ Parmi ces quatre situations, deux mises en inactivité pour cas de force majeure ; la première liée à la découverte d'une situation en tout point différente de celle qui m'avait été présentée, lors de mon parcours de recrutement, avec aucune possibilité de m'adapter, sauf à me changer complètement ; la seconde bien plus sournoise, avec au bout, une mise en liquidation judiciaire.

⇨ Situations d'inactivité forcée qui ont été de véritables épreuves, comme je vais le détailler plus loin, car jamais je n'ai pensé rester autant de temps sans emploi, tant mon parcours était riche et les besoins en expertise des opérations Client, réels, dans les entreprises ; tout du moins, c'est ce que je croyais.

⇨ Situations qui ont été aussi pour moi, spécifiquement les toutes dernières, l'occasion de revoir mes priorités de vie ; de changer ma façon de valoriser mon savoir-faire, en adéquation avec les besoins des recruteurs potentiels ; de réorienter mes recherches sur des missions ponctuelles.

« Les grands hommes ne naissent pas dans la grandeur, ils grandissent. »

Mario Puzo

Quand l'inactivité forcée a fait de la solitude mon quotidien, dans l'angoisse du temps qui s'écoule !

J'ai souvent bien mal vécu mes périodes de chômage successives, notamment depuis l'expérience exceptionnelle, largement évoquée dans le précédent chapitre ; que ces périodes aient eu pour origine une séparation consensuelle, consécutive à une erreur de casting, à un mauvais choix d'entreprise, mais aussi et surtout à la découverte a posteriori de qui était vraiment mon manager direct, dirigeant ou directeur ; d'une entreprise au bord de la faillite ; de plans de départs volontaires d'envergure.

Cependant, comment ne pas se résoudre à accepter de telles situations, lorsque trouver un emploi relève du parcours du combattant et lorsque le reste à vivre s'est amenuisé à un point que l'urgence l'emporte parfois sur un travail, plus en adéquation avec ce que l'on recherche.

Mais quelles qu'en soient les causes, ce sont les conditions de terminaison des contrats de travail qui sont les plus difficiles à vivre, laissant notamment des traces dans le cœur des gens sensibles et tournés vers l'Humain. Et sensible, je le suis, comme cela m'a été reproché par les hiérarchiques qui mettent leur cœur sur la table dans des deals qui n'en sont pas vraiment, pour le reprendre ensuite sans la moindre compassion ; si ce qu'ils attendent, pour eux et la structure qu'ils dirigent, n'est pas au rendez-vous.

Quelle injustice profonde que celle d'être contraint de perdre son travail, pour des raisons qui pourraient alimenter plusieurs audiences aux prud'hommes, si elles n'étaient pas verrouillées juridiquement, par des protocoles transactionnels. Ces hauts hiérarchiques, ces managers, qui restent sans jamais être inquiétés, alors qu'il y a énormément à dire sur leurs comportements récurrents, particulièrement toxiques.

Quelle désolation que d'être dans l'obligation de partir comme des voleurs, avec l'interdiction de saluer les équipes avec lesquelles nous avons obtenu des résultats, remarquables et reconnus par ceux qui ne nous ont laissé que la fuite comme issue, pour ne pas être détruits, psychologiquement et physiquement.

Un vide, un très grand vide, pour ne pas dire le début d'une descente aux enfers, c'est ce que j'ai ressenti et vécu à chaque fois que je me suis retrouvé, du jour au lendemain, privé de faire ensemble ; privé de reconnaissance ; privé d'exister professionnellement et par répercussion personnellement. C'était, en quelque sorte, mourir, tout en continuant à vivre.

Voir tout le monde m'éviter, y compris les amis proches, comme si j'avais contracté la peste ; me montrant ainsi que je n'étais plus tout à fait comme les autres, avec l'angoisse et les rancœurs de ceux que personne n'a vraiment envie de côtoyer. Ces âmes que l'on qualifie de toxiques.

Un deuil à faire, dont nous ignorons la durée, car difficile de passer à autre chose, sans l'avoir accompli. D'autant plus qu'à un certain âge, nous savons que les recherches seront ardues avec des chances de succès minimes d'où l'amplification de l'angoisse du temps qui s'écoule ; ce compte à rebours implacable, dont je vous parlerai juste après.

Même si j'ai beaucoup appris de chacune de mes situations de mise en inactivité forcée, elles ont toutes été différentes.

Pourquoi ?

Parce que mes réactions et mes ressentis ont été très dépendants du contexte, familial et économique, dans lequel j'évoluais.

Bien que parler de solitude ne soit pas forcément lié à la présence ou non de quelqu'un : nous pouvons nous sentir seuls, en étant accompagnés, mes réactions et mes ressentis ont été différents selon que quelqu'un ou non partageait ma vie, ne serait-ce que pour me dire des mots de soutien, des mots d'espoir pour lever mes doutes.

Doutes qui ont grandi au fur et à mesure des situations vécues, un peu comme le parachutiste qui, au fil de ses sauts, prend de l'assurance et, en même temps, éprouve de l'appréhension.

Les tous premiers jours chez moi ne m'ont jamais vraiment mis à mal. Car bien souvent, ils ont été pour moi une délivrance ; celle qui suit les moments où la personnalité est malmenée ; les moments où après avoir été au centre de tous les égards, nous sommes au centre de tous les reproches, comme pour trouver une raison au fait de notre passage de personne utile à personne malvenue.

Ainsi, la nature humaine est, lorsqu'elle a décidé de se séparer de quelqu'un et de se convaincre que c'est pour le bien réciproque ; constat cruel, mais réaliste, malheureusement ou heureusement.

Quasi impossible pour les personnes qui ne vivent pas ou qui n'ont pas vécu une ou plusieurs situations d'inactivité forcée de nous comprendre, de se mettre à notre place, même si elles essaient de le faire par compassion, sincère ou hypocrite.

Les mots de réconfort peuvent aller jusqu'à nous déstabiliser, tant nous savons que la réalité est toute autre.

C'est dans un long tunnel que je suis rentré ; long tunnel dont je ne connaissais absolument pas la longueur, ni les obstacles que j'allais rencontrer à chaque fois que je tenterai d'avancer vers la sortie.

C'est une confrontation avec moi-même, à laquelle je devais faire face à chaque fois.

Ma solitude a été pesante, attaché que je suis au contact humain ; aux projets mobilisant l'humain ; à la chaleur humaine, même si l'ambiance n'est pas drôle tous les jours, dans le monde du travail.

La solitude forcée a été pour moi la source de doutes et d'interrogations sur le comment faire mieux la prochaine fois ; sur le comment durer, pour ne plus revivre de tels moments ; sur le comment ne plus répéter de tels schémas, comme d'autres d'ailleurs.

Ai-je besoin de vivre des moments difficiles, pour vivre des moments heureux ?

Est-ce le prix à payer à chaque fois ?

Comme si mon adolescence me poursuivrait toujours, avec la mise en insécurité qui a été la mienne, à la suite des moments traversés par mes parents, en particulier par mon père.

À cette solitude interrogative, est vite venue s'ajouter l'angoisse du temps qui s'écoule. Et là, il ne s'agit plus d'états d'âmes, mais bien de concret.

Comment vais-je arriver à trouver un nouvel emploi, avant que mes ressources ne soient réduites à moins que le minimum vital, signifiant pour moi entrer dans la précarité, avec ses conséquences ?

Précarité que j'ai connue, mais jamais au niveau de celle de la période de 2013 à 2015.

J'évoquerai les aspects relatifs à la prise en charge des personnes en inactivité forcée, dans un prochain chapitre.

Ceux qui se permettent d'accuser les personnes au chômage, et qui plus est de longue durée, de s'y maintenir volontairement ; de refuser de changer de métier ou d'accepter des salaires plus bas, ont juste loupé une étape, celle de devoir vivre avec quatre cent cinquante euros par mois, au bout du parcours.

D'autres éléments ont pesé dans ma solitude, à savoir le temps mis à recevoir les réponses aux nombreuses candidatures faites à travers tous les canaux, et par conséquent le temps à obtenir des rendez-vous.

En revanche, je souhaite souligner ici le rôle extraordinaire des réseaux sociaux, notamment professionnels comme LinkedIn, pour donner des éclaircies à ces moments de solitude.

Cela s'est traduit par des partages, des échanges avec des personnes connaissant la même situation ou en poste ; avec des recruteurs potentiels ; avec des gens bienveillants qui m'ont prodigué d'excellents conseils, en vue de mieux orienter mes recherches.

Sans compter que j'ai ainsi pu, via l'écriture de chroniques diverses et variées rencontrer virtuellement, dans un premier temps et physiquement, dans un second, des personnes magnifiques que je n'aurai jamais pu croiser, dans le monde réel.

J'ai d'ailleurs écrit un livre sur mon séjour virtuel, paru en août 2018 : « *Morceaux, citations & poésies, choisis, de mon voyage virtuel...* »

« *Je n'ai point d'espoir de sortir par moi de ma solitude. La pierre n'a point d'espoir d'être autre chose que pierre. Mais, de collaborer, elle s'assemble et devient temple.* »

Antoine de Saint-Exupéry - Citadelle

Quand l'inactivité forcée a mis de la survie, dans ma vie !

Mes périodes d'inactivité forcée ont plongé ma vie dans la survie, en particulier quand j'étais seul à tout assumer. De la sécurité gagnée au prix d'années de travail, je suis passé à l'insécurité totale, celle que seule la précarité, la maladie et les autres incidents de la vie, réservent.

À ce stade, ce n'est plus de la solitude et de l'angoisse du temps qui s'écoule dont il s'agit, mais d'une angoisse terrible qui vous prend par les tripes et ne cesse de s'amplifier ; un couperet qui menace votre vie, au fil des jours.

Cette sensation de mort à l'état de vivant ne m'a pas quitté durant la quasi-totalité de mes mille deux cents jours de chômage, d'inactivité forcée, en consolidé.

Parce que plonger dans l'inactivité forcée, c'est assister, impuissants, à la baisse de près de 50 % de nos ressources, voire plus, et cela, avec des charges constantes, voire plus aussi.

Si j'ai pu, à certaines reprises, en retarder ou en atténuer les effets, pour avoir su négocier mon départ ou pour avoir eu la chance de retrouver rapidement un poste derrière, plus mon âge avançait, plus les risques de connaître le pire s'amplifiaient, tant mes recherches ressemblaient à des bouteilles, jetées à la mer.

En plus de l'immense déception d'avoir perdu mon emploi pour des raisons parfois si injustes et si cruelles ; en plus de la solitude et de la fuite de certains de mes amis ou de mes proches, voilà que les difficultés matérielles, logistiques, alimentaires et financières, menacent mon présent et mon futur.

Sur ce point, rien n'est vraiment prévu, légalement ou socialement, pour appréhender la situation du chômeur, chercheur d'emploi, dans son entièreté, je dis bien dans son entièreté ; aucun dispositif ni d'aide ni de conseil, le vide total ! La personne, plongée dans l'inactivité forcée, est complètement livrée à elle-même, avec son courage et sa détermination à ne pas baisser les bras, comme réels secours.

C'est à moi et à moi seul qu'il appartenait de faire accepter à ceux qui pensaient que cela n'arrivait qu'aux autres que j'allais avoir des difficultés à honorer mes charges courantes et mes dettes, de toute nature.

Deux mondes qui se rencontrent sans forcément se comprendre, car il faut avoir vécu l'inactivité forcée, pour en mesurer les conséquences précises.

Et nullement question pour moi de laisser passer du temps avant d'agir ; de spéculer sur un éventuel emploi qui arriverait avant que ma situation personnelle ne se soit fortement dégradée. Ce serait dangereux, pour ne pas dire suicidaire.

C'est donc face à des décisions importantes à prendre, à des arbitrages à faire, à des postures à adopter, que je me suis retrouvé.

Faut-il que je me lance dans la recherche d'une nouvelle location avec un loyer moins cher, mais aussi avec les frais qu'un déménagement ne manquera pas d'engendrer ? J'aborderai un peu plus loin dans ce chapitre, et plus en détail, l'angoisse tenace que j'ai eue de perdre mon toit ainsi que la nature de mes relations avec mes propriétaires, en pareille situation.

Dois-je rencontrer mon banquier, mon percepteur des impôts, pour étudier ensemble les possibilités d'étalement ou de report de mes dettes courantes et autres ?

Comment vais-je annoncer à mon ex-conjointe que je ne serai plus en mesure de lui verser la prestation compensatoire que je lui dois chaque mois, alors qu'elle-même est dans une situation précaire ?

Et pour les dettes que j'ai accumulées suite à mes situations d'inactivité forcée à répétition, mais également du fait des incidents de la vie comme la maladie ; le divorce ; le soutien à des personnes en difficulté elles aussi, faut-il que je monte un dossier auprès de la commission de surendettement, en vue de me protéger des actions coercitives automatisées, donc dénuées de tout humanisme, qui ne manqueront pas d'être engagées aux moindres retards durables et non motivés ?

Tout ceci en poursuivant mes recherches sans relâche ; en accomplissant les démarches administratives pour faire valoir mes droits au chômage, en tenant compte des périodes de carence, etc. ; un vrai défi que toutes les personnes qui ont perdu leur emploi ont à relever.

Je tiens à souligner ici la conscience professionnelle et l'empathie avec laquelle les personnes des différentes administrations ont traité mes diverses situations d'inactivité forcée.

Bien sûr qu'elles ne sont pas venues spontanément vers moi, car comme je l'ai écrit plus haut, il n'existe pas de dispositif permettant de traiter d'un seul tenant tous les problèmes liés à la mise en inactivité forcée, mais sur mes sollicitations, elles ont su se montrer, bien présentes et résolutives.

Voilà une réforme, comme bien d'autres si nécessaires, qui dépasserait largement l'assistance à la recherche d'un emploi, même si ce mot ne traduit pas toujours la réalité rencontrée.

Beaucoup est dit et écrit sur le Service Public, et les critiques en tous genres ne manquent pas de fuser. Mais en calmant nos colères légitimes ou pas ; en maîtrisant mieux nos émotions et en regardant de plus près, nous nous rendons compte que ces salariés travaillent de plus en plus avec des moyens limités, alors que le nombre de cas à traiter augmente inexorablement.

Ces salariés sont aussi tributaires d'applications informatiques, bien éloignées, pour certaines d'entre elles, de la réalité et surtout de la façon dont les situations, les attentes, les besoins, ont évolué. Par exemple, pour prétendre et obtenir l'Allocation de Solidarité Spécifique, en fin de droits, il m'a fallu revenir à plusieurs reprises. Et quand j'écris à plusieurs reprises, cela représente plus de dix déplacements physiques et des heures de perdues sur mes recherches, sans compter des files d'attente à n'en plus finir, certains jours.

À chaque fois que l'on me réclamait une ou plusieurs pièces et que je les fournissais, on omettait : l'application informatique omettait, les documents que j'avais déjà remis, d'où des relances successives, infondées pour la plupart.

Il y a eu aussi des erreurs administratives qui m'ont valu des rattrapages, simplement parce que j'avais eu le bonheur de travailler lors de missions courtes et que mes droits à l'Allocation de Solidarité Spécifique n'avait plus lieu de m'être versés ayant acquis de nouveaux droits au chômage (ARE). Et la cerise sur le gâteau est que c'est moi qui aie prévenu l'administration pour cette anomalie, avec comme récompense, un montant à rembourser.

Quatre ans, plus tôt, j'ai eu droit à la même punition de la part de la même administration, mais pour un montant nettement plus important. Quand nous parlons de loi des séries, il ne faut pas chercher ailleurs.

Mes démarches avec le percepteur des impôts n'ont pas toujours été simples, même si l'écoute a été là. Il fallait que je rentre dans le cadre ; autrement dit ne pas dépasser dix mois environ et parfois même six pour m'affranchir de ce que je devais.

Chose particulièrement difficile, car, pour les raisons déjà invoquées, j'avais un retard de paiement d'un exercice fiscal auquel s'ajoutait l'exercice en cours, donc un impôt à payer sur des revenus bien supérieurs à ceux dont je disposais au chômage, et qui plus est en fin de droits.

J'ai réussi à obtenir des échelonnements sur les impôts courants, mais guère sur le retard. Déjà, les menaces du passage d'un huissier, pour réaliser l'inventaire, à titre conservatoire, de mon mobilier, se pressaient à ma porte. Mais en arriver là, il n'en était pas question pour moi. C'est tout ce qu'il me restait, après tant d'années de travail et de sacrifices.

Certains n'ont pas manqué de me dire, par bienveillance ou par volonté de me faire culpabiliser, comment avais-je fait pour en arriver là, après avoir occupé des postes à hautes responsabilités ? Comment se faisait-il qu'à mon âge, je n'étais toujours pas propriétaire de mon logement ? Ainsi de suite !

Tout simplement parce que la vie n'est ni rectiligne ni un long fleuve tranquille ; parce que les incidents et les imprévus existent ; parce que les erreurs de gestion, d'appréciation, de confiance, sont humaines ; parce que quand nous écoutons notre cœur, nous oublions trop souvent de nous écouter. Sauveur des autres, je l'ai été. Censeur de mon propre bonheur, de ma propre sécurité, de mon propre confort, je l'ai été aussi.

La démarche que je redoutais le plus était d'annoncer, à la mère de mes deux enfants, que j'avais perdu mon emploi. Pourtant, c'est celle, parmi toutes mes démarches, qui a eu le meilleur déroulement et le meilleur aboutissement. Mon ex-épouse a été compréhensive, d'autant plus que je lui ai toujours donné l'assurance de faire tout ce qu'il était de mon devoir de faire, pour qu'elle ne reste pas sans ressources. Ce qui fut fait, légalement et administrativement.

Loin d'être tiré d'affaire, il a fallu que je me résigne à déposer un dossier auprès de la Commission de Surendettement de la Banque de France, donc accepter d'être fiché, pendant cinq ans, sans être interdit bancaire pour autant.

Dans la balance, deux prêts bancaires contractés quand j'ai été dans l'obligation de repartir de zéro, après une rupture sentimentale et le retard de paiement d'un exercice fiscal.

Hésiter aurait été suicidaire, car il y a un temps d'instruction et de procédure incompressible. Quelle décision salvatrice, j'ai eu le courage et la responsabilité de prendre !

Décision que je recommande fortement de prendre aux personnes qui liront mon livre et qui traversent ou traverseront ces moments éprouvants, où il peut nous arriver de songer à mettre fin à nos jours, comme délivrance ultime.

Non seulement mon dossier a été accepté, mais mes dettes ont été effacées après passage auprès d'un juge ; eu égard à la gravité de ma situation et des problèmes de santé qu'elle avait provoqués : sérieuse dépression nerveuse, notamment.

Gros hic cependant, la banque, notoirement connue, auprès de laquelle j'ai été client pendant plus de huit ans, avec tous mes moyens de paiement, des découverts autorisés, a décidé subitement de clôturer mon compte, me laissant à peine deux mois pour me retourner.

Comment en rajouter une couche, dans une situation déjà difficile et comment acter négativement de la décision d'une personne assermentée, en l'occurrence un juge !

Mais la vie n'est pas si mal faite que cela. Une banque en ligne a été créée qui m'a épargné une démarche auprès de la Banque de France, pour désigner une banque d'office.

Au-delà de toutes les tractations qui m'ont permis d'éviter des poursuites, avec les coûts associés, donc de sécuriser ma situation structurellement, j'ai été confronté au pire pour mes dépenses alimentaires et de logement.

La hantise de mes jours et de mes nuits que celle d'être mis dehors du logement que j'occupais, en tant que locataire, avec un loyer, charges comprises, de six cent vingt euros, pour un deux-pièces de cinquante mètres carrés, dans un quartier au nord de Toulouse, et occupe encore pour plus longtemps, rongé qu'il est par l'humidité.

Devant rentrer d'urgence de l'étranger, ayant traversé une période professionnelle sur place cauchemardesque, poussé vers l'inactivité forcée donc, avec les pires difficultés pour trouver un logement en pareille situation, je suis tombé sur cet appartement, via une plate-forme sur Internet, alors qu'il me restait sept mois de droits à l'allocation chômage. À titre de garantie, les propriétaires m'ont demandé de verser deux mois de caution, au lieu d'un, comme il est d'usage de le faire.

Tout s'est bien passé au niveau du règlement de mes loyers jusqu'au jour où, faute d'avoir pu trouver un travail ou une mission aussi courte soit-elle, malgré un plan de recherches maximisé, et en fin de droits avec pour seule et unique ressource mensuelle, l'Allocation de Solidarité Spécifique, soit moins de six cents euros par mois, les efforts de toute une vie se sont écroulés, comme un château de cartes.

À la détresse de plonger dans la précarité à 57 ans, se sont ajoutées les propos blessants de mes propriétaires, me reprochant de leur avoir dit que je retrouverai un travail rapidement, confiant que j'étais sur les besoins du marché en expertises comme la mienne, mais aussi et surtout que c'était sûrement parce que je ne faisais aucune concession ni sur mes prétentions ni sur le poste recherché que j'en étais arrivé à cette situation extrême.

Nulle empathie de leur part, en ces circonstances éprouvantes, pas même un merci, alors que je m'étais privé de tout, pour honorer mes loyers, mais simplement cette phrase cynique : *« Nous constatons que vous avez fait des efforts ! »*

Je paie ou je quitte le logement sale, froid et humide, qu'ils me louent pour un loyer au-dessus du marché, comme ils ont su me le dire, en m'expliquant que c'était le moyen pour eux de sélectionner leurs locataires, alors que j'essayais d'en réduire le montant ; le temps que je me sorte de cette situation.

Et les assistantes sociales sont là pour cela, comme ils me l'ont rappelé. Sans commentaire ! Les assistantes sociales ont des situations bien plus graves à gérer et à régler. En matière d'aides sociales, j'ai obtenu quatre cents euros, en tout et pour tout, pour honorer un loyer.

Moins de six cents euros de ressources et six cent vingt euros de loyer ; aucun moyen pour pouvoir déménager ; une famille quasi-inexistante, la seule chose qu'il me restait était mes yeux pour pleurer et mon oreiller, pour sécher mes larmes.

Je me suis privé de tout ; j'ai vendu des objets de toute une vie qui m'étaient chers ; je me suis nourri pendant de longs mois avec un unique repas par jour, au point de tomber gravement malade, pour avoir perdu plus de quinze kilos sur soixante-quinze, en moins de deux semaines, avec une hospitalisation de dix jours, en maison de repos.

Sans craindre que de futurs employeurs puissent mal juger mes actions, je n'ai pas hésité à faire part de ma situation sur les réseaux sociaux, tant elle était représentative de la situation de plus de neuf millions de personnes en France !

Un élan de solidarité extraordinaire, initié par une de mes relations professionnelles que je remercie de nouveau ici, m'a permis d'éviter le pire, et le pire, c'était le suicide, las que j'étais de cette vie qui ne me faisait aucun cadeau, malgré des compétences ainsi que des qualités, connues et reconnues.

La leçon tirée, de tout ce qui précède, a été déterminante dans ce qui a suivi, me concernant.

Il est indispensable, voire vital, en pareilles situations, d'agir a priori et pas a posteriori, car la nature humaine, les instances administratives et financières, ont horreur du vide et d'être mises devant le fait accompli.

Ne pas ajouter des problèmes aux problèmes qui existent déjà, afin d'être libres dans nos têtes et de garantir toutes les chances de succès aux maigres opportunités de trouver un poste ou une mission que nous aurons ; tout du moins avant le retour de la croissance et de son corollaire, le plein-emploi.

« *Maigres opportunités* » n'est pas du négativisme, mais du réalisme, que nous soyons jeunes ou moins jeunes, dans un marché du travail, particulièrement tendu et relativement opaque.

Quand l'inactivité forcée a donné des doutes à mes recherches et à mes compétences !

Vivre l'inactivité forcée à plusieurs reprises a été pour moi une double peine ; d'une part celle de devoir injustement partir, bien souvent du fait d'un individu, en ayant accompli ce pourquoi on m'avait recruté, et d'autre part celle d'entrer dans l'incertitude et le doute, les plus absolus.

Comment, quand, où et à quelles conditions, vais-je dénicher un nouveau travail ?

Quelles sont mes chances de trouver enfin l'entreprise de mes rêves, dans la continuité de mon aventure, si apprenante, dans le monde des télécommunications *« low-cost »,* ceci dans un contexte d'offres d'emplois hyper tendu et d'une opacité qui découragerait les plus déterminés ?

Qu'ai-je vraiment appris de mes différentes expériences de recherches ?

Faut-il que je change quelque chose à mes méthodes ? Faut-il que je suive scrupuleusement les conseils qui sont prodigués un peu partout sur les réseaux sociaux, dans les manuels, et par les experts en recrutement, en particulier, qui ont le don de se démultiplier, en période de sous-emploi ? Démultiplication qui doit nous faire faire preuve de sélectivité, pour séparer le bon grain de l'ivraie.

Comment vais-je arriver à convaincre ceux pour qui la séniorité est synonyme de trop cher et de pas assez malléable ? Un véritable écueil, notamment en France où il y a énormément à faire pour changer les mentalités, sur ce point.

Enfin, combien de temps faudra-t-il que je m'entête à rechercher strictement ce que j'ai perdu ; strictement, là où mon savoir-faire et mon savoir-être ont été reconnus ? À prospecter sur le même secteur d'activité, la même fonction, ou ailleurs ?

Dit autrement, choisir entre la facilité et la difficulté en quelque sorte !

C'est une réponse à l'ensemble de ces questions que je vais tenter d'apporter, en puisant dans un riche vécu, car aucune de mes recherches n'a ressemblé à une autre, comme déjà évoqué.

Rechercher un nouvel emploi, un nouveau poste, n'a rien de rectiligne, comme dans la vie qui est un dédale de sinuosités ; même si beaucoup assurent qu'il est impossible de trouver, sans un minimum de méthode.

L'expérience que je vais vous décrire plus en détail maintenant n'a cessé de me démontrer le contraire ; contraire que j'avais heureusement anticipé en n'écoutant que mon cœur et mon instinct.

Comme quoi les conseilleurs ne sont effectivement jamais les payeurs !

Pourquoi l'inactivité forcée, a-t-elle donné des doutes à mes recherches et à mes compétences ?

Parce que contrairement aux idées reçues, la recherche d'un travail n'obéit, de mon point de vue, à aucune règle éminemment rationnelle, mais plutôt à une certaine forme de jurisprudence. C'est l'humain dans toute l'incertitude de son comportement, une science parfaitement inexacte.

Commençons dans le désordre ! Je m'étendrai sur mes recherches en elles-mêmes, un peu plus tard.

Me voici à un rendez-vous, pour une mission de Management de Transition, en qualité Directeur des Opérations, chez un grand de la sécurité.

Début d'entretien, plutôt chaotique, avec le DRH qui annonce d'entrée qu'il a très peu de temps à consacrer, à mon futur N+1 et à moi-même. Il me demande de me présenter ainsi que mon parcours, en cinq minutes maximum. Ce à quoi je lui réponds sans la moindre hésitation : « *Ce que vous me demandez, c'est d'arriver au sommet de la montagne, sans l'avoir gravie.* »

Le décor est planté. Le DRH esquisse un sourire en coin qui semble en dire long sur sa préférence pour les fortes personnalités, mais cela, je ne le saurai que par la suite.

C'est parti, je me lance à mots perdus, dans ma description et celle de mon parcours. La montre, je l'oublie complètement, bien que le DRH me le rappelle à plusieurs reprises, d'un simple regard.

Le temps passe. J'ai la sensation paradoxale suivante : ce que je dis les intéresse certainement, mais assurément, je n'ai pas été assez concis, pour les intéresser plus encore.

Le DRH me demande ce que j'avais compris de la mission dont j'avais reçu la description par courriel et ce que Management de Transition signifiait pour moi.

L'explication de ma compréhension de la mission terminée, je réponds ainsi à la question sur la signification du Management de Transition : « *C'est un peu comme une course de relais en athlétisme. Le premier partant se lance, il passe le témoin dans la zone prévue pour cela au second, s'arrête et s'écarte de la course.* »

Et là, vilaine angoisse, je sue à grosses gouttes à l'intérieur de moi-même. Je me dis soudain que je suis allé un peu trop loin, qu'avoir voulu de prendre le dessus, alors que je suis le candidat sélectionné en short-list, certes, mais le candidat quand même, n'a pas été la bonne tactique.

Tant pis, c'est fait. Aussi, quitte à me tromper, autant que je reste égal à moi-même, à l'instar du raisonnement en mathématiques qui n'est pas sanctionné en cas d'erreurs de calcul, s'il a été cohérent, logique, de bout en bout.

L'entretien se termine sur des poignées de main franches, mais dans l'impossibilité, pour moi, de lire sur les visages le moindre embryon de décision ; prochain épisode, dans cinq jours.

À la fois heureux d'avoir été moi-même et inquiet de ne pas avoir choisi la meilleure tactique, je me précipite vers le distributeur de boissons le plus proche et je noie mon incertitude, dans un soda sans sucre.

Puis je passe un coup de fil à mon fils, en lui disant que les carottes étaient certainement cuites !

Cinq jours après, appel du DRH, à ma grande surprise, je suis retenu pour la mission ! Comme quoi mener un entretien, en dehors des sentiers battus, avec une certaine forme d'audace, n'est pas pour déplaire. Mais cela ne fonctionne pas dans tous les cas ; d'autres exemples de situations d'entretiens rencontrées en témoigneront.

La mission de Management de Transition n'a finalement pas eu lieu, ayant porté mon choix sur une autre mission, convaincu que j'ai été par les dirigeants du groupe d'avoir fait le bon choix. Bien mal m'en a pris. Dès les premiers jours, j'ai compris où je mettais les pieds. J'ai fait des propositions pour essayer de bouger les lignes ; j'ai dit les vérités que beaucoup n'osaient pas dire, et j'ai été viré, sans ménagement, quelques jours après mon arrivée. Le poste était à huit mille kilomètres de mon lieu d'habitation conservé, par précaution, en France.

Autre situation du même acabit ; je cherche désespérément depuis de longs mois et je décroche enfin un rendez-vous, à plus de cent kilomètres de chez moi, à vingt heures trente.

Certains ont vu, par mes écrits sur les réseaux sociaux, ce que je pensais de certains dirigeants, mais là dans le genre du dirigeant-goujat, on ne fait pas mieux !

Au bout de deux heures d'entretien où j'ai eu la sensation d'être plus un apporteur d'idées qu'un candidat, voici que ce cher monsieur, Directeur Général d'un groupe important dans la prestation de services, me dit :

- *« Désolé, je n'ai pas de poste à vous proposer, vous avez un beau parcours et j'ai eu simplement envie de vous rencontrer. Nous essayons en vain d'approcher le marché bancaire et vous avez une solide expérience dans ce domaine. Je vous propose donc de rédiger une note à mon intention sur vos recommandations. »*

Me voilà dans l'ascenseur au bord des larmes ; quel toupet !

Mais comme je ne suis pas rancunier, j'ai passé mon week-end à rédiger la note demandée.

Résultats des courses, silence radio total ; même pas le moindre retour sur mes propositions.

Mon instinct m'avait pourtant murmuré de ne pas mettre les pieds dans cette entreprise que j'avais côtoyée, quelques années auparavant ; où j'avais encore une fois eu l'audace de dire à son Président, lors de la remise d'un prix sur l'Excellence Client, que s'il pouvait appliquer en interne ce qu'il recommandait à l'externe, sa Marque serait encore plus convaincante, notamment auprès de vieux briscards.

Il y a eu aussi ce parcours de recrutement interminable, via un chasseur de têtes, avec plus de six entretiens, pour finir par apprendre que la décision prise de m'embaucher a été invalidée au tout dernier moment ; la priorité ayant été donnée au neveu du PDG de l'entreprise chercheuse, venu dans le processus de recrutement comme un cheveu sur la soupe.

La cerise sur le gâteau a été pour moi cet autre parcours de recrutement pour un poste stratégique, sur un projet ultra confidentiel d'un groupe de renom. Un vrai pantin naïf, j'ai été sur ce coup.

Le parcours de recrutement a débuté sous les meilleurs auspices, j'ai été de suite mis en confiance. Tout se déroulait comme classiquement et les entretiens se succédaient, me laissant de sérieux espoirs d'être recruté au bout. Quand nous parlons d'espoir après de longues semaines, voire de longs mois de recherches, ce mot prend tout son sens.

Que nenni. On m'a baladé ; on s'est servi de mes idées et pas les moindres, en particulier le nom même du service qui allait être lancé quelque temps plus tard, à l'échelle nationale, pour finir par me dire que mon profil était parfait pour ce projet, mais qu'il n'y avait pas le budget suffisant pour m'intégrer. Pour information, j'avais réduit mes prétentions de plus de 50 % !

Sans compter le tact d'une infinie élégance, dont certains recruteurs ont fait preuve.

Quelques exemples !

- « *Vous pensez qu'à votre âge, vous aurez suffisamment d'énergie pour diriger des équipes particulièrement difficiles.* » Ce à quoi j'ai répondu : « *Je vous attends demain sur un terrain de tennis, pour voir lequel de nous d'eux tirera la langue le premier.* », tant j'avais trouvé la question déplacée.

- « *Votre parcours est très riche, pourquoi avez-vous répondu à notre offre, alors que vous pourriez être à ma place ?* »

- « *Je vois que vous avez travaillé dans des entreprises à l'international, pourquoi n'avez-vous pas choisi des entreprises françaises ?* »

Bien évidemment et heureusement, j'ai eu des entretiens qui m'ont laissé de meilleurs souvenirs ; qu'ils se soient terminés ou pas par un recrutement. Ils m'ont appris, dans l'humilité, comment faire mieux la prochaine fois ; notamment sur l'attitude et sur le discours à adopter, selon le contexte et les interlocuteurs rencontrés. Je pense en particulier aux entretiens très protocolaires, dont certains étaient froids, dénués de cette « *chaleur humaine* » importante à mes yeux, y compris dans un univers professionnel.

Les nombreux conseils que j'ai pu lire et entendre un peu partout sur les erreurs à éviter en entretien de recrutement, ont eu leur utilité, mais comme aucun entretien ne se déroule de la même façon, je ne les ai pas toujours pris pour argent comptant, afin d'éviter d'y aller avec trop de certitudes, d'assurance et de vendre la peau de l'ours avant de l'avoir tué.

Ce qui précède s'avérera encore plus vrai, dans le déroulement de mes recherches que je vais décrire maintenant.

Dire que l'inactivité forcée a donné des doutes à mes recherches et à mes compétences n'est pas un luxe, surtout quand j'ai passé la plupart de mon temps à ne pas hésiter à me remettre en question, tant personnellement que sur ma manière de procéder.

Aussi, je vais me permettre d'être assez direct.

Rechercher un travail en France, en tant que salarié, alors que nous avons avancé en âge et en expérience, relève du défi improbable.

Un peu comme un golfeur qui démarre un parcours de dix-huit trous avec un handicap dont il sait, par avance, qu'il sera irrattrapable.

Que d'hypocrisie à nous annoncer, de but en blanc, lors des entretiens, que nous sommes surdimensionnés pour les postes recherchés ; que nous allons nous y ennuyer ; que nous risquons d'avoir des problèmes avec notre hiérarchie ; etc.

Au premier abord, nous pourrions voir cela comme une forme de bienveillance à notre égard, mais en creusant un peu, pourquoi auraient-ils pris la peine de sélectionner notre candidature parmi des milliers de CV, pour finir par nous dire cela, en entretien ?

Que disent sommairement les chiffres ?

- Plus de deux mille candidatures, spontanées ou en réponse à des annonces, adressées ; toutes méticuleusement ciblées, avec un modèle de CV adapté pour chacune d'entre elles, des lettres de motivation, aussi claires qu'originales ;

- Neuf entretiens physiques obtenus, au total, pas un de plus !

En procédant de la même façon, alors que j'avais quinze ans de moins, une candidature sur quatre donnait lieu à un entretien !

Ne cesse-t-on pas de dire que les seniors sont particulièrement convoités, en France, qu'il n'y a absolument pas de discrimination par l'âge, que l'âge n'est pas un critère renseigné dans les viviers informatisés de recrutement ? Sinistre mensonge, je l'ai vu de mes yeux, bien planqué, dans des sous-menus.

Ne voir aucune rancœur, aucune frustration, aucune méchanceté à travers mes propos, ils ne sont malheureusement que l'expression d'une réalité vraie que bon nombre de hauts responsables font mine d'ignorer ou considèrent comme une fatalité. Hauts responsables qui connaîtront un jour une situation identique, car nul n'est vraiment à l'abri d'être confronté à l'inactivité forcée, dans un monde en pleine mutation technologique et sociétale, avec cependant des mentalités d'une autre époque qui font de la résistance.

Pourtant, il y a énormément à faire dans le domaine du recrutement y compris pour les jeunes, en acquisition d'une expérience. Des projets magnifiques se développent, soutenus principalement par des associations.

Les pouvoirs publics ont, semble-t-il, pris conscience du problème, notamment via la recrudescence du chômage de longue durée chez les seniors, mais ils sont loin d'avoir la réactivité du monde associatif, dont le rôle est majeur en France, depuis de longues années.

Rechercher en améliorant constamment notre façon de faire ; en proposant, par le biais de tous les supports ou moyens à disposition, ce que nous sommes en mesure d'apporter concrètement à nos employeurs potentiels, pour répondre à leurs attentes spécifiques et « en même temps » : expression de la décennie, craindre que notre expérience, donc de manière sous-jacente notre âge, soit un frein terrible, n'est pas sans entamer notre détermination à ne jamais rien lâcher.

Les doutes, ce sont tous ces coups d'épée dans l'eau que nous mettons ; cette sensation à la fois d'avoir parfaitement notre place dans le monde du travail, mais également que nos compétences solides et éprouvées ne sont plus celles qui sont recherchées aujourd'hui.

Et les doutes, malgré l'assurance procurée par mon expérience, se sont manifestés, par dizaines.

Je ne compte plus les matins où j'aurais préféré être endormi pour toujours, tant je craignais ces journées à espérer, à voir les gens se rendre à leur travail et pas moi.

Je ne compte plus non plus les espoirs que j'ai pu avoir ou qu'on a pu me donner, pour au bout les voir se transformer en désillusions.

Mais pas un instant, je n'ai baissé les bras ; pas un instant, je n'ai voulu donner raison à la fatalité ; pas un instant, je n'ai cessé de croire à mon intuition et à ma bonne étoile, celle qui m'avait sauvé jusque-là.

Et un jour, une petite voix bienveillante, venue de l'intérieur, m'a dit d'accroître sensiblement mon temps de présence sur les réseaux sociaux professionnels, principalement sur LinkedIn.

Je me suis mis à lire, à liker et à commenter, la plupart des publications relatives à des sujets ou à des offres, dans mon périmètre de compétences, pensant qu'en agissant, de la sorte, j'augmenterai mes chances de succès ; tout en maintenant ce dont j'ai parlé plus haut. Ne plus mettre mes œufs dans le même panier est ainsi devenu ma devise.

Cependant, voyant assez vite que cela ne donnait rien de bien concret, j'ai changé mon fusil d'épaule et j'ai laissé parler mon cœur, en ne déformant pas une virgule de mon authenticité, de ma forte personnalité, de mes convictions, même si je n'en ai jamais fait des certitudes.

Je me suis mis à écrire des chroniques, diverses et variées, sans craintes et sans calculs, pour certaines d'entre-elles. Tant pis si je m'attirais des ennemis ; tant pis si je prenais le risque de passer à côté d'un travail, d'un projet, d'une entreprise.

Mon seul objectif était de ne plus vivre ce que j'avais vécu à de nombreuses reprises, assez souvent par ma faute (reproduction des mêmes schémas). Nullement question de tomber sur des hiérarchiques, considérant ma sensibilité pour une faiblesse ; profitant de mon expérience avec une bienveillance de façade ; s'appropriant mes idées ainsi que mon sens de l'organisation et du management, dans leur propre intérêt, pour ensuite me jeter comme une vieille chaussette ou comme s'ils ne m'avaient jamais connu.

J'ai essuyé une volée de reproches, pour certains particulièrement blessants. On m'a dit que je me tirais une balle dans le pied, que mes méthodes n'étaient pas les bonnes, qu'il fallait que j'arrête de me plaindre, parce que ce que je récoltais n'était que le retour de ce que j'avais semé.

Certains amis se sont même éloignés de moi, en même temps que des relations ainsi que des amitiés nouvelles sont nées et que des amitiés de longue date se sont renforcées.

Ces personnes ne m'ont pas jugé. Elles ont répondu humainement et matériellement à mes SOS. Elles ont écouté avec compassion et avec leur propre vécu ma détresse, sans jamais chercher à me culpabiliser, mais simplement à me venir en aide.

Je ne les oublierai jamais, elles sont parmi les treize mille qui constituent mon réseau international, dont je suis à la fois respectueux, admiratif et fier.

Dans le doute et à l'écoute de ceux qui me dissuadaient, j'ai essayé de corriger le tir, mais c'était au-dessus de ce que je pouvais accepter de faire durablement. Quoi qu'il en soit, je me suis accordé quelques pauses dans l'usage de LinkedIn, consacrées à la réflexion et à la méditation.

En revanche, comme si ma petite voix intérieure me le demandait, j'ai persisté sur le chemin de l'authenticité, de l'être plutôt que du paraître.

Et la vie, dans ce qu'elle a de plus juste, m'a donné raison, comme je le décrirai par la suite.

Les leçons que j'ai apprises de mes différentes recherches, en situation d'inactivité forcée, se synthétisent ainsi :

⇨ Ne jamais baisser les bras, perdre espoir, même face un silence angoissant ;

⇨ Explorer toutes les opportunités y compris celles sur le court terme : CDD, intérim, missions. Elles sont des sources de rebonds possibles, des portes d'entrée, des tremplins ;

⇨ Ne pas mettre ses œufs dans le même panier, mais varier ses méthodes de recherches autant que ses outils : CV, lettres de motivation, entrées en relation via les réseaux sociaux professionnels ;

⇨ Tenir compte des conseils de spécialistes, mais se les approprier pour être crédible aux yeux des recruteurs ;

⇨ Savoir que rechercher un poste aujourd'hui est une véritable leçon de patience ;

⇨ Adopter l'attitude d'un caméléon en action, en continuant de se former (présentiel, e-learning), tout en recherchant. On se déconnecte très vite des réalités et des besoins du monde du travail ;

⇨ Essayer d'obtenir un maximum de rendez-vous, même pour seulement faire connaissance, partager des idées, des projets. On ne sait jamais ;

⇨ Veiller à être soi-même, pour ne pas regretter ses choix ensuite ;

⇨ Ne pas hésiter à prendre des risques, à sortir du cadre, de son secteur d'activité, de son expérience principale y compris du salariat traditionnel (CDD, CDI) ;

⇨ Vivre les processus de recherches et les entretiens associés comme des aventures, tel un explorateur. Quelle que soit leur issue, ces aventures sont toutes apprenantes et contributrices à un meilleur ciblage, à une meilleure approche ;

⇨ Savoir changer de tactique, en proposant des réponses concrètes aux besoins, au lieu de se comporter en promoteur de son expérience, de ses compétences, de ses succès, de ses aptitudes. Personne n'achète autre chose dans le monde du travail que ce qu'il cherche vraiment ;

⇨ Se dire que l'univers professionnel est une sorte de jungle où l'on teste sa capacité à sortir de toutes les situations ;

⇨ Avoir fait le point de tout ce qui a été réussi et raté, dans ses expériences précédentes, en vue de faire les bons choix, de ne pas reproduire les mêmes schémas ;

⇨ Ne pas sauter, si possible, sur la première proposition venue, même après des mois de recherches infructueuses. Pouvoir se décider sur la base de deux ou trois propositions, afin d'évaluer le pour et le contre de chacune d'entre elles ;

⇨ Voir la période d'essai, d'intégration, comme une opportunité de valider son choix. Il s'agit d'une période probatoire dans la réciprocité, pas dans l'unilatéralité ;

⇨ Oser poser des questions, même si elles peuvent paraître indiscrètes, lors des entretiens, notamment sur le turnover dans le poste recherché ; sur son futur manager ; sur l'existence ou non de plans sociaux en cours ; sur les raisons précises de la vacance du poste ; sur l'organisation de la formation continue au sein même de l'entreprise ; sur l'ambiance de travail ; sur les challenges urgents qu'il sera nécessaire de relever ; sur l'existence d'un plan d'intégration ;

⇨ Éviter de brader son salaire, sauf si des perspectives d'évolution rapide sont clairement indiquées, par le recruteur ;

⇨ Demander à voir la fiche de poste détaillée, car elle peut varier, quelque peu, par rapport au texte de l'annonce ;

⇨ Regarder la cohérence du circuit des personnes à rencontrer et essayer de déterminer le degré de connaissance du poste par celui ou celle qui assure le premier entretien. Ceci est souvent révélateur de l'organisation interne et de l'ambiance qui y règne ;

⇨ Ne pas tomber dans le piège du surdimensionnement, mais avoir préparé ses arguments pour être persuasif, quand la question sur le sujet interviendra. Nous savons tous que les recruteurs essaient de nous déstabiliser pour nous mettre en situation de vérité ;

⇨ Avoir toujours un plan B en tête, avant de se rendre à un entretien, afin que le recruteur potentiel ne ressente pas le degré d'urgence, comme si c'est le poste de sa vie ;

⇨ Enfin, accepter de partir à l'étranger, temporairement ou définitivement, dans la mesure du possible ; les compétences et le talent s'achètent très bien hors de France, notamment dans les pays scandinaves et les pays anglo-saxons.

Quand l'inactivité forcée m'a aidé à prendre conscience de qui je suis et a révélé ma route !

Les périodes d'inactivité forcée ont ceci de paradoxal : elles affaiblissent autant qu'elles renforcent ; elles sèment le doute autant qu'elles donnent de l'espoir ; elles remuent autant qu'elles apaisent ; elles ferment les portes autant qu'elles les ouvrent.

Mais le chemin a été long, avant que je me rende compte des bienfaits des périodes d'inactivité forcée ; capitaine de ma vie en pleine tempête que j'étais, incertain de tout et angoissé que mon mât se brise, que mes voiles se déchirent.

Je suis passé par toutes les postures.

Il y a eu la période de victimisation, les fautifs, les méchants, c'étaient les autres.

Pourquoi ne comprenaient-ils pas les raisons de mon insatisfaction quand je pointais du doigt ce qu'il serait utile d'améliorer en priorité, en faisant des propositions concrètes et chiffrées ?

Pourquoi ai-je perdu mon travail, à plusieurs reprises, alors que mes équipes et moi-même étions complimentés par ceux-là même qui ont fini par avoir ma peau professionnelle ?

Avais-je encore ma place, sous l'autorité d'un hiérarchique direct, en tant que subordonné ?

Comment ferais-je pour durer, pour arriver au bout de mon parcours professionnel, au sein d'un univers où les comportements m'exaspéraient de plus en plus, où tous les coups bas étaient permis ou presque ?

Les méchants, c'étaient eux, parfois à très juste titre, mais bien souvent parce que j'avais surdimensionné cette méchanceté jusqu'à devenir hermétique à leur bienveillance, hormis celle de façade, tant je ne pouvais y croire venant de leur part, aussi narcissiques et pervers qu'ils pouvaient être.

La vie professionnelle m'a démontré qu'il n'y a pas de gens 100 % méchants et de gens 100 % gentils, mais un peu un mélange des deux, selon les circonstances et les contextes ; sachant que j'avais moi-même à progresser en termes de stabilité émotionnelle.

Chaque période d'inactivité forcée est un deuil à réaliser et dans le deuil, il y a la nécessité de sortir de la victimisation, de mettre sa fierté en veilleuse, de se poser les bonnes questions.

Ceci, je l'ai compris, sur le tard, enfermé que j'étais dans mes souffrances de l'enfance, dans mes échecs. À la reproduction des mêmes schémas, je n'ai pu échapper jusqu'au jour où j'ai su dire non à ce dont je ne voulais plus, à ceux avec lesquels il était impensable pour moi de travailler.

La durée de mes deuils a été variable et liée au temps passé dans l'entreprise. Plus ce temps était long, plus celui du deuil l'était aussi. Il m'a fallu crever, abcès après abcès, refaire l'histoire comme elle aurait dû se passer, pour en tirer les meilleures leçons. Le plus dur a été d'accomplir ces deuils en situation de pleine tourmente, d'angoisse pour ma survie. Je me suis senti malmené comme le linge dans une machine à laver, au moment de l'essorage.

Si je cherche à comparer l'inactivité forcée à un autre incident de la vie, c'est celui de la séparation, à l'instar de celle sentimentale, qui me vient à l'esprit. Parce qu'il n'y a pas de bonnes ou de mauvaises séparations, mais des séparations avec des conséquences sur soi-même et sur les autres, maîtrisées ou pas.

Comme je l'ai écrit précédemment, se retrouver au chômage, qui plus est de longue durée, c'est comme plonger d'une falaise dans une mer profonde et bien froide ; une sensation de vide absolu autour de soi et à ses pieds.

J'ai fait l'objet de toute sorte de conseils, notamment celui de relativiser, le travail n'étant pas tout dans la vie ; conseils faciles à prodiguer néanmoins, quand on est en poste.

Mes différents deuils auraient pu être accompagnés par des spécialistes. Je ne l'ai pas fait et c'est bien dommage. Peut-être ai-je eu peur de suivre des thérapies, assommé de médicaments, sachant par ailleurs que les problèmes psychologiques sont mal vus, de l'ordre des tabous, dans le monde du travail, et même ailleurs.

Au prix de moments mêlés, à la fois, de tristesse, de détermination, de courage, animé par ma foi et conforté par mes amis réels et virtuels, je suis, tout de même, parvenu à mener mes deuils à leur terme.

À la période de victimisation a succédé la période de culpabilisation. Ainsi, les responsables de mes situations d'inactivité forcée, ce n'était plus les autres, mais moi.

Un virage à 180° qui n'a pas été sans remettre en question l'opinion radicale que je me suis forgée, au fil de mes expériences, du monde du salariat, à savoir un univers impitoyable, hypocrite, sans scrupules et sans concessions, où il convient de marcher ou de crever.

Me voici à me faire violence pour me convaincre que mes inactivités forcées n'étaient que les conséquences de mes propres agissements, que celui qui aurait dû s'adapter aux différents contextes, c'était moi et moi seul.

Quel brouillard, quel remue-ménage dans ma tête, pour parvenir à chasser cette opinion de toujours !

Me remettre en question sur des points précis, j'ai su le faire à maintes reprises, mais changer du tout au tout ma perception du salariat, donc de la subordination directe à l'autorité d'un ou de plusieurs hiérarchiques, n'a pas été une mince affaire ; assurément plus de temps passé qu'à adopter la posture de victime.

Aussi pourquoi m'infliger un tel bouleversement ?

Je ne l'ai pas su, tout de suite, pour le faire plus machinalement que consciemment.

Mais petit à petit mon inconscience est venue à la rencontre de ma conscience. Je me suis dit qu'il ne m'était pas possible de progresser, de stopper cette reproduction des mêmes schémas, sans une sérieuse remise en question personnelle.

Et comme souffrir pour réussir était ma façon d'être, je me suis fait mal de nouveau, en remuant le couteau dans la plaie, en réouvrant certaines blessures cicatrisées, comme pour faire l'autopsie de mon « *moi* ».

Méthode pas très indiquée pour la sensibilité à fleur de peau dont je faisais preuve, mais qui avait le mérite d'exister et de me correspondre.

Ma culpabilisation a pris plusieurs formes. J'ai culpabilisé d'avoir renouvelé à plusieurs reprises ce forceps qui m'avait mis au monde, le crâne déformé, alors que ma mère ne voulait plus de moi, au moment précis de mon expulsion.

Je me suis dit que j'avais toutes les capacités pour courir et franchir en tête la ligne d'arrivée d'une course de mètres ; mais qu'il fallait que j'y ajoute des obstacles, des haies, histoire d'y mettre encore plus de technique, d'agilité et de difficulté.

Culpabiliser, par intermittences, a été mon quotidien pendant de longues semaines, pour ne pas dire des mois. Mes repères, mes sécurités de vie, j'ai joué au yoyo, avec. Un coup, je les perdais, un autre coup, je les retrouvais.

Étais-je à un tournant de ma vie ? Cela, je ne le savais pas, même si mon instinct me disait que la voie que j'avais empruntée semblait être la bonne. Dans le genre improvisation d'une méthode d'introspection, on ne fait pas mieux. Ne dit-on pas qu'on n'est jamais mieux servi que par soi-même ?

Plus j'analysais mes comportements, mes erreurs, plus j'appelais de nouvelles questions.

Pourquoi a-t-il fallu autant d'années pour me rendre compte que je n'étais pas vraiment fait pour le salariat, pour être le subordonné de quiconque, qu'on ne peut pas agir indéfiniment contre-nature ?

Pourquoi à chaque fois qu'un tapis rouge se déroulait devant moi, mon premier réflexe était de le replier, comme si je voulais ne rien devoir à personne, ne jamais concéder un pouce des valeurs qui m'avaient construit, avoir la fierté de n'avoir jamais pactisé avec des faiseurs de mal, aux allures de gens de bonnes familles ?

Ai-je été égoïste, en négligeant des opportunités de rendre ma famille plus heureuse ? Non, en toute sincérité, je ne le pense pas pour n'avoir jamais baissé les bras, n'avoir jamais cessé d'étudier, d'apprendre pour comprendre et mieux faire.

Les échelons, je les ai gravis malgré moi, mais surtout parce qu'il était essentiel, à mes yeux, d'avoir l'autonomie nécessaire pour contribuer à l'épanouissement de mes équipes. Mon bonheur était de les voir grandir, évoluer vers de nouveaux métiers, de nouvelles responsabilités, voir leur talent éclore.

Seulement, voilà, cela n'a pas été sans conflits ouverts ou larvés, avec ma hiérarchie directe (directeurs), que je ne trouvais pas assez réactive, pas assez impliquée pour comprendre et satisfaire les besoins, raisonnables et indispensables, des équipes commerciales et opérationnelle. Ceci en veillant à ne pas me jeter systématiquement la pierre, car il y a de quoi remplir une encyclopédie sur les méthodes pratiquées par certaines personnes au sommet des organigrammes, notamment au sein des groupes, en France.

Un regard peut être faussé par la façon de se comporter, mais il n'est jamais fondamentalement dénué de toute objectivité.

Pourquoi avais-je des problèmes, exclusivement avec mes hiérarchiques, en France, alors que cela se passait parfaitement bien avec mes hiérarchiques à l'étranger ? Un mal français, parmi d'autres ?

Au fur et à mesure que j'avançais dans la culpabilisation, je me rendais compte que je nuançais, de plus en plus, ma vision des choses.

J'ajoutais de la tempérance à mon autocritique, mais également à ma critique envers les autres. Je mettais de la sagesse dans ma recherche systématique de l'excellence chez mes supérieurs, comme chez mes équipes, un peu plus d'ailleurs chez mes supérieurs.

Seul avec moi-même, je prenais progressivement et naturellement conscience de qui je suis. C'est la première fois que je m'accordais du temps, que je ne vivais pas pour me fuir, mais pour m'accepter tel que je suis, avec mes forces et avec mes faiblesses.

Je ne jouais plus la pièce de la vie dont je rêvais, mais vivais cette vie. Ainsi, je suis entré dans ma période de réconciliation avec moi-même.

Je n'étais plus l'enfant battu, traumatisé, maltraité, à la fois craintif et téméraire, mais l'adulte, en voie de prendre et d'assumer ses responsabilités.

Il n'est jamais trop tard pour grandir. Ainsi, je n'ai pas peur d'écrire ici que j'ai vraiment atteint l'âge adulte, au sens maturité, à 58 ans !

Quel bonheur d'être à un carrefour de sa vie et de voir sa route devant se révéler ; de quoi oublier, en un instant, tous les tourments de l'inactivité forcée !

Mettre fin d'un coup de baguette magique à la sensation d'avoir été un oiseau aux ailes brisées, enfermé dans la cage de la souffrance, qui, un jour, a eu la force d'en écarter les barreaux et de s'envoler.

Plus jamais, la souffrance, passée et présente, sera mon stimulateur ; mon cœur et mon intuition, devenant mes seuls et généreux guides.

Ainsi est ce que j'ai su et pu retenir de l'inactivité forcée, au service de la prise de conscience de qui je suis et de la révélation de la meilleure route à emprunter et à suivre.

L'inactivité forcée est assurément une épreuve, mais également une opportunité extraordinaire d'appuyer sur le bouton « *Stop* ».

La vie est belle et sait réserver de magnifiques surprises, en particulier celles de découvrir, après tant d'années, qui on est vraiment ; ce que l'on veut et a fortiori qu'on ne veut plus ; le milieu où l'on évoluera, comme un poisson dans l'eau.

Les deuils de nos expériences malheureuses sont indispensables. Il est salutaire de ne pas laisser celles-ci, derrière des portes entrouvertes.

Le travail ainsi accompli vers la connaissance de soi dépasse largement le contexte professionnel. Il a assurément des répercussions positives sur la vie privée, familiale, sentimentale, parentale.

Quand l'activité libérée m'a fait tourner le dos à l'inactivité forcée. Le chômage, c'était hier !

Un véritable parcours, à lui tout seul, avec ses réussites et ses échecs, que celui qui m'a conduit à l'activité libérée !

À peine retourné chez moi, il m'a fallu surmonter la solitude et l'angoisse du temps qui s'écoule ; repenser et réorganiser ma vie en mode survie ; lever mes doutes sur mes recherches et mes compétences ; prendre conscience de qui je suis, de ce qui était vraiment bon pour moi.

Sans oublier cette route ouverte devant moi, dont je vais vous parler maintenant.

Les cailloux de toutes les tailles n'ont pas manqué sur mon chemin, parce qu'on ne passe pas d'un coup de baguette magique de l'inactivité forcée à l'activité libérée, celle où il n'y a plus besoin d'être manager-compatible, mais serviteur de soi-même, et d'autant plus après quarante-deux années dans le salariat, en France et à l'international.

Mon immersion véritable dans l'univers du consulting, car c'est bien de cela dont il s'agit, a été plutôt chaotique, avec trois erreurs non négligeables commises. On le sait souvent après les avoir faites !

La première a été d'accepter un positionnement hybride, en étant à la fois, Consultant et Manager, ceci en ayant signé un CDD.

Ainsi, quand je proposais des axes de progrès et qu'ils n'étaient pas retenus pour x ou y raisons, loin d'être toujours rationnelles, cette situation était très mal vécue, par mes équipes et par moi-même ;

celles-ci ayant pris une part active dans l'élaboration de mes propositions, sources d'espérances de meilleures conditions de travail pour elles et d'une meilleure satisfaction pour le Client.

La seconde a été d'avoir eu le malheur : je dirai pourquoi juste après, d'être introduit par le Directeur Général en personne, alors que j'étais moi-même rattaché à un Directeur lui rapportant directement.

Cette cooptation m'a finalement porté plus préjudice qu'elle ne m'a servi. Je m'en serai vraiment bien passé.

J'ai rapidement noué et entretenu de belles relations humaines et professionnelles avec mon Directeur, alors que ma relation avec le Directeur Général s'est progressivement détériorée, pour arriver à ce que je ne supporte plus sa présence, vraiment plus !

Ainsi, je me suis retrouvé au milieu d'un jeu de pouvoirs dangereux qui ne me correspondait pas et qui n'a pas manqué d'ébranler les valeurs autour desquelles je me suis construit.

Enfin, la troisième a été d'avoir mis la tête dans la gueule du loup, à savoir avoir intégré un groupe, alors que je m'étais juré de ne plus le faire tant la façon de travailler, de manager et de voir l'Humain dans ces grosses structures était à mille lieues de ma conception de la vie en entreprise.

Et une fois de plus, les résultats étaient là, avec la mise en place d'une organisation particulièrement efficiente, notamment en matière de satisfaction et de développement Client ; organisation qui avait révolutionné celle trouvée à mon arrivée. Tout casser n'était semble-t-il pas vraiment ce qui était attendu, mais les priorités pour moi étaient très claires. Aussi, j'ai agi, en ne manquant jamais d'informer ma hiérarchie.

Trois mois avant la fin de la mission, j'ai demandé à partir aux Ressources Humaines, après leur avoir fait part de ce que je vivais et de ce que je ressentais au quotidien, car il m'était impossible de continuer, sans risquer d'être victime d'une atteinte sérieuse à mon intégrité, psychologique et physique.

Les trois leçons que j'ai tirées de cette première réelle expérience de l'activité libérée ou plutôt semi-libérée, en lien avec les trois erreurs que j'ai commises :

⇨ Ne jamais cumuler une mission de consulting avec une fonction managériale opérationnelle. C'est ingérable même si cela peut avoir du sens sur le papier, notamment en phase d'expérimentation sur le terrain des préconisations ;

⇨ Éviter, le plus possible, d'accepter d'être placé sous la responsabilité d'un hiérarchique, directement rattaché à la personne qui vous a donné un coup de pouce pour rejoindre l'entreprise. Il est clair que si j'avais été directement sous la responsabilité du Directeur Général, comme je l'ai souhaité à plusieurs reprises, en vue d'un pilotage, commun et libre, de ma mission de consultant, les choses se seraient passées tout autrement ; mais on ne refait pas l'histoire ;

⇨ Ne plus jamais travailler pour un groupe, même s'il ne faut jamais dire jamais.

Les missions qui ont suivi ont été de courte durée, mais très enrichissantes. J'ai eu le bonheur d'évoluer dans des structures agiles, à taille humaine, avec un excellent état d'esprit et des projets novateurs à foison. Tout ce que l'on trouve généralement dans les start-ups ou dans les PME, ETI, en pleine croissance. La panacée pour le bâtisseur dans l'âme que je suis !

J'ai apprécié à la fois la diversité des problématiques qui m'étaient posées et la rapidité avec laquelle je devais réagir pour proposer la bonne solution, au bon moment, au meilleur niveau de qualité et au meilleur coût. Rien à voir avec la lourdeur et les labyrinthes décisionnels que sont les grosses structures qui auraient énormément à gagner à introduire plus d'agilité et de simplicité, dans leurs organisations, quitte à les éclater.

Avec ces formidables opportunités de pouvoir accompagner plusieurs clients à la fois, de pouvoir surfer d'un projet à l'autre !

C'est à ce moment précis que je me suis posé la question de mon statut.

Opter pour l'auto-entrepreneuriat ou pour le portage salarial ?

Les deux ont leurs avantages, mais aussi leurs inconvénients.

Je n'ai pas choisi de m'étendre ici sur le premier parce que j'avoue sincèrement qu'il ne m'a pas vraiment attiré. Certainement pour les raisons qui suivent.

Il me fallait impérativement arriver à cumuler le nombre de trimestres suffisants, pour prétendre à une retraite anticipée pour carrière longue, donc avant l'âge de 62 ans. Le côté erratique des revenus, en particulier, lorsque l'on se lance dans l'auto-entrepreneuriat, m'a clairement fait tourner le dos à cette option.

Un peu paradoxal d'avoir découvert à la toute fin de sa vie professionnelle que la bonne route était celle de l'activité libérée et en même temps, tout faire pour pouvoir prendre sa retraite, dès que possible.

Pas tant que cela, parce que cumuler ma pension de retraite avec les revenus d'une activité, en portage salarial, était envisageable.

Le portage salarial, qu'est-ce que c'est ?

Je le définirai, avec mes propres mots, car il m'a paru essentiel de partager ici une expérience, plutôt que des extraits de ce que l'on trouve sur le Web :

« C'est l'opportunité de pouvoir être missionné par un ou plusieurs clients, en ayant un seul contrat de travail, avec tout le dispositif qui l'accompagne : salaires, donc bulletins de salaire, cotisations sociales et retraite, frais de déplacements, mutuelle, etc., avec des

frais de gestion, dont le pourcentage est variable, de l'ordre de 7 à 12 %. »

C'est le confort du salariat, sans la subordination, donc la solution idéale pour un *« manager-serviteur non compatible »*.

Voici un exemple du processus de mise en place du portage salarial, dans le cadre d'une mission donnée :

- Un dirigeant est venu spontanément vers moi, alors que nous avions échangé quelques mois avant. Ce dirigeant avait vu mes différentes publications sur le réseau social professionnel LinkedIn, sensible à mon humanisme et à ma solide expérience ;

- Il m'a confié une première mission d'un mois, avec la perspective d'en signer d'autres. Je me suis alors rapproché de mon cabinet de portage salarial, avec lequel j'étais lié par l'intermédiaire d'une *« convention cadre »* ;

- Une convention de prestation, définissant les modalités précises de ma mission a été établie et signée par mon cabinet de portage salarial et mon Client. Mon contrat de travail (CDD à temps partiel) a été réalisé en parallèle ;

- Des outils de suivi : tableau de bord d'activité (Dashboard) ont été mis à ma disposition, via Internet.

La mission pouvait démarrer !

Mais l'accompagnement du cabinet de portage salarial ne se bornait pas au dispositif autour du salaire.

Il proposait toute une méthodologie de prospection Client particulièrement utile pour les *« primo-consultants »*. Mais également des ateliers de travail, des conférences, le but étant que les consultants portés de la région puissent se rencontrer et partager leurs expériences respectives.

Nullement question d'avoir une activité qui vient à soi, par le biais d'un emploi dans une entreprise ou ailleurs. Il fallait aller la chercher, afin d'avoir un volant d'affaires suffisant pour en vivre ; sachant que pour mille euros HT facturés, il revient au consultant environ quatre-cents euros, charges et frais de gestion, déduits.

Liberté oui, mais avec la nécessité de déployer toute l'activité nécessaire pour ne jamais avoir à regretter cette liberté.

Concernant la prospection Client, mes meilleurs résultats ont été obtenus lorsque que j'insistais : il ne faut pas être avare de ses tentatives de contacts, pour rencontrer un décideur qui pouvait être, soit un dirigeant, soit un directeur, soit un expert métier, non pas pour proposer, de but en blanc, une offre clés en main, mais pour partager avec eux à propos des problématiques auxquelles ils avaient à faire face, aussi vastes et diversifiées, soient-elles.

Le vivier : base de prospection, je l'avais constitué sur LinkedIn par un travail de plusieurs années. J'en profite pour souligner que même en ayant une *« garantie d'emploi »*, il est important de prendre quelques heures de son temps chaque semaine, pour être régulièrement actif sur les réseaux sociaux : posts, chroniques, articles.

Il n'y a pas à tergiverser, ce sont les outils de recherche de business, de travail, d'aujourd'hui et de demain. Sans eux, l'histoire que je narre ici aurait pu s'arrêter, dès son début.

Parce que les consultants indépendants ne sont pas toujours très bien perçus. Des doutes peuvent s'installer sur leur légitimité, comparativement aux grands cabinets de consulting, notoirement connus ; consultants indépendants étant, pour la plupart d'entre eux, issus du monde de l'entreprise, sans compter le risque qu'ils ne puissent pas aller jusqu'au bout de leurs missions.

Les difficultés à trouver ou à retrouver un emploi pérenne, notamment pour les seniors, ont mis sur le marché un nombre important de consultants indépendants, parfois le seul moyen qu'ils ont trouvé pour se sortir de la précarité et pour éviter le pire.

C'est un vrai métier, mais de mon point de vue, il est plus facile d'apprendre le métier de consultant que d'acquérir l'expérience indispensable qui fait le bon consultant ; expérience qui ne peut exister qu'après un passage de plusieurs années, dans le monde du salariat traditionnel.

Je n'ai, pour ma part, eu aucun souci à évoluer dans le milieu du consulting, ayant assuré de nombreuses formations et interventions dans les grandes écoles, mais aussi travaillé en étroite collaboration avec des hauts dirigeants, donc au fait de leurs problématiques et de leurs pratiques.

J'aurais pu décider, beaucoup plus tôt, de m'affranchir de tout risque de retour à l'inactivité forcée, mais mes craintes ont porté sur ma capacité à pouvoir prospecter efficacement et qui plus est dans le dur.

Le salariat a ce défaut de mettre parfois sous l'éteignoir l'envie d'entreprendre et de réussir, ce qui n'est pas donné à tout le monde.

Que retenir de ce qui précède ?

⇨ Moins on attend pour se lancer, en tant qu'indépendant, mieux c'est et en particulier quand « *être dirigé* » n'est pas sa tasse de thé ;

⇨ Le portage salarial peut-être une bonne alternative, notamment quand il reste un faible nombre de trimestres à acquérir en vue de la retraite. Mais aussi pour faire une transition en douceur, entre le salariat traditionnel et une activité d'indépendant ;

⇨ En matière de prospection, il est important d'avoir pris le soin de se constituer un bon réseau professionnel « *virtuel* » et de le travailler sans discontinuer, dès son plongeon dans le monde incertain, mais si excitant, de l'activité libérée ;

⇨ Enfin, « *c'est en forgeant que l'on devient forgeron* », le consulting s'apprend très bien sur le terrain, au fil des missions avec un minimum d'outils. Et les clients le comprennent parfaitement. D'ailleurs, ils n'attendent pas de supports de missions sophistiqués, mais des plans d'actions simples et pragmatiques.

À 58 ans, avais-je réussi à vaincre le chômage et à tourner définitivement le dos à l'inactivité forcée ?

Presque !

Il ne me manquait que la magnifique mission que j'ai le plaisir de vous décrire maintenant ; celle-ci m'ayant permis de boucler la boucle et d'être complètement rassuré, quant à la réelle plus-value que j'étais en mesure d'apporter, en qualité de consultant-expert.

Ce cas d'école sera, sans aucun doute, très utile, notamment pour les primo-consultants.

Cette mission, je l'ai encore une fois décrochée grâce à mon réseau LinkedIn.

- Un ami des dirigeants, avec lequel j'étais en relation, m'a directement mis en contact avec eux. J'ai rencontré des personnes charmantes qui avaient construit une très belle entreprise, au nord de la Seine-et-Marne, dans un secteur industriel à la pointe du progrès *(circuits d'air et automatismes),* innovante et hyper réactive ;

  Et très vite, la confiance s'est installée entre nous, confiance sans laquelle rien de tangible ni de durable ne peut exister dans l'univers professionnel.

Comment arriver à être convaincant, efficace, apporteur de plus-value dans une entreprise qui a pignon sur rue, tourne très bien depuis de nombreuses années et se pose la question d'une passation d'activité entre le père, fondateur de l'entreprise, et la fille, salariée, commerciale et gestionnaire ?

Tel a été le challenge qu'il m'a été demandé de relever !

Vous comprendrez aisément que, par respect pour les personnes concernées, je n'entrerai pas dans le détail précis de ce que j'ai constaté, préconisé et mis en place avec les dirigeants et leur équipe.

En revanche, voici ce qu'il m'a paru important de retenir et de partager avec vous, qui peut se retrouver dans plusieurs autres missions de consulting :

⇨ Au cours de cette mission, j'ai veillé à rester dans mon périmètre strict d'intervention, à ne pas empiéter dans les fonctions et dans les prérogatives de mon Client ;

⇨ J'ai réalisé un diagnostic systémique : ce que l'entreprise dit d'elle sur le papier, et physique : ce que les acteurs de l'entreprise pensent d'elle, sur l'organisation commerciale et administrative, sur le management, sur la production, sur la qualité, sur la satisfaction Client et fournisseurs, etc. ;

⇨ Fait des préconisations d'axes d'amélioration, d'optimisation, de fiabilisation ;

⇨ Partagé mon savoir-faire ;

⇨ Piloté un projet d'amélioration de la performance commerciale ;

⇨ Donné des conseils, des avis, sans jamais me substituer aux personnes en place.

Les problématiques globales que j'ai accompagnées :

⇨ Les craintes légitimes qu'ont les successeurs de dirigeants fondateurs : souvent les membres de leur famille, lors du passage de témoin : vais-je y arriver ? Comment les clients, les fournisseurs, les administrations, vont-ils vivre la passation ? Que va-t-il falloir que je change ? ;

⇨ Le manque de temps pour se consacrer de manière récurrente et organisée au développement et à l'innovation. Les dirigeants d'entreprises, à taille humaine, savent combien ils sont accaparés au quotidien par un monceau de problèmes administratifs, financiers, clients, fournisseurs, qualité, production, réglementaires ;

⇨ La construction d'une organisation plus par nécessité que pour répondre à une stratégie bien définie ;

⇨ La stratégie de développement qui est parfois plus intuitive, plus opportuniste que structurée. Un grand nombre de petites et moyennes entreprises ressemblent parfois à des édifices qui se sont élevés plus au fil de l'imagination et des contraintes qu'à ceux construits en suivant scrupuleusement les plans réalisés par les architectes.

Ce qui m'a marqué, en comparaison avec ma période de salariat, dans les groupes :

⇨ À l'inverse des grosses structures ensilées, les entreprises à taille humaine ont besoin de beaucoup moins de moyens, pour arriver au même résultat, si ce n'est à un meilleur résultat ;

⇨ Leurs dirigeants se font rarement des nœuds au cerveau, pour justifier leur positionnement dans l'organigramme. Ils agissent sans se poser de questions et quand ils s'en posent, elles sont hyper pragmatiques, vont à l'essentiel ;

⇨ Contrairement aux idées reçues, les dirigeants des start-ups, PME, ETI, ont la vision à moyen et à long terme qu'un grand nombre de groupes n'ont pas, emmurés qu'ils sont dans des tas de problèmes et des casseroles, historiques internes. Problèmes bien souvent plus fonctionnels, voire structurels, qu'opérationnels ;

⇨ Il est vrai que travailler pour un groupe est confortable au plan de la carrière et de la rémunération, mais la manière d'agir et l'ambiance sont, dans la grande majorité, à l'ouest de celle des structures à taille humaine ;

⇨ Ainsi, on comprend assez vite qu'un *« manager-serviteur non compatible »* ne peut pas y faire de vieux os, juste le temps pour lui de bien se former et de plonger ensuite dans le monde excitant de l'entrepreneuriat ou du consulting en portage salarial, mais également du management de transition ; un peu le sens de l'histoire de demain de toutes et tous. Et c'est dès aujourd'hui qu'il convient d'y préparer nos enfants et petits-enfants.

Qu'ai-je, finalement et synthétiquement, réussi à faire pour tourner définitivement le dos au chômage, à l'inactivité forcée ?

⇨ J'ai trouvé ma voie à travers l'exercice de l'activité de consultant en portage salarial, libéré de tout lien de subordination ;

⇨ J'ai réussi à avoir *la « peau »* du chômage et le mot n'est pas assez fort tant il est endémique, notamment pour les seniors ;

⇨ J'ai mis à profit ces moments de solitude et d'angoisses du temps qui s'écoule, pour me découvrir et me réconcilier avec moi-même ;

⇨ J'ai pu réunir l'ensemble des trimestres nécessaires, pour pouvoir prétendre, en son temps, à une retraite anticipée, ce qui était loin d'être acquis en 2015, tant je me suis entêté à rechercher là où je n'avais vraiment plus ma place, mais aussi tant le marché du salariat, opaque et tendu, a boudé mes compétences et ma solide expérience ;

⇨ J'ai quasiment tout perdu au plan matériel, mais cela est dérisoire au regard de ce que j'ai gagné et su gagner : la confiance en moi et dans les autres ;

⇨ Enfin, j'ai éprouvé un plaisir non dissimulé à écrire ce livre, mémoire de mon histoire avec le monde du travail, qui je l'espère, humblement et de tout cœur, saura aider les jeunes et les moins jeunes, à triompher des incidents de la vie professionnelle, en minimisant le plus possible les dommages sur leur santé mentale et physique.

Travailler pour vivre, oui !

Vivre pour travailler, non, les cimetières étant remplis de personnes qui se croyaient indispensables !

Trois chroniques publiées sur le Net, ayant aidé à valoriser mes compétences métiers !

Les 5 erreurs qui empêchent de recruter des personnes compétentes !

Ce n'est pas faire un scoop que d'affirmer que les recruteurs sont, en majorité, à la recherche de personnes compétentes, pour occuper des postes ou assurer des missions, dont les descriptifs ne manquent pas de donner de sérieuses indications aux candidats.

Mais en fait, les entreprises, qui emploient ou mandatent ces recruteurs, leur donnent-elles vraiment les moyens de recruter ces personnes compétentes ?

Pas toujours !

Quelles sont, de mon point de vue, les 5 erreurs à ne pas commettre ?

- Recruter pour rattacher les personnes embauchées à des hiérarchiques qui ne brillent pas par leur compétence et par leur comportement, parce que les personnes compétentes veulent être tirées vers le haut, et certainement pas bloquées ou ralenties dans leur volonté d'apprendre, de progresser, de s'épanouir. Un joueur de tennis face avec des adversaires plus faibles que lui ne progressera jamais ; il en est de même, à propos du lien de subordination, dans les entreprises ;

- Recruter dans la précipitation, en mode bouche-trous, sans vraiment connaître les tenants et les aboutissants du poste recherché ; sans avoir établi, un parcours d'intégration, digne de ce nom, avant et pas une fois que la personne est embauchée. Les personnes compétentes sont généralement faites de simplicité, de sérénité, d'intelligence, de bon sens et de rigueur. Elles apprécient de rejoindre un cadre structuré où l'ambiance de travail est bonne ; où elles pourront donner le meilleur d'elles-mêmes, pas une auberge espagnole. Combien de recrutements, sont-ils faits avec une méconnaissance, non pas de la fiche de poste, mais des conditions d'exercice du poste ? Ce contexte, si déterminant, qui engendre près de 25 % de départs, avant la fin de la période d'essai ;

- Recruter en mode mesquin ; mendiant ; petit bras, sans marge de manœuvre possible au niveau du salaire, comme s'il était gravé, budgété, dans le marbre. Alors que les personnes compétentes souhaitent valoriser leurs compétences, être en mesure de négocier leur rémunération, parce que la négociation est dans leur ADN ;

- Recruter un bon soldat plus qu'un haut potentiel, tant l'entreprise sait que son management ne supporterait pas un électron libre qui ne manquerait pas de dire ce qu'il pense, de penser ce qu'il dit et de critiquer de manière constructive, avec des propositions concrètes associées. Les personnes compétentes ne sont ni des « prêts à cuisiner » ni des soumis ;

- Recruter en voulant tout et son contraire, en recherchant un mouton à cinq pattes, pour un poste correspondant, tout au plus, à un mouton à trois pattes. Ceci bien souvent pour flatter l'ego démesuré de certains managers qui veulent des pilotes de formule 1 à leurs côtés, alors qu'eux-mêmes peinent à conduire une berline.

Recruter des gens compétents, c'est se mettre en condition de pouvoir le faire, avec réussite ; donc l'œuvre d'entreprises avec des dirigeants audacieux, humains, réalistes et ambitieux, qui savent de quoi ils parlent parce que proches des opérationnels, des gens du terrain.

Le Numérique, une opportunité de développer et d'optimiser les Relations Humaines, dans l'Entreprise !

Le Numérique est une richesse à associer *« astucieusement et méthodiquement »* à l'intelligence humaine, pour servir l'épanouissement des collaborateurs, dans l'entreprise.

Comme pour les consommateurs, c'est bien de l'accompagnement d'un cycle de vie dont on parle avec la volonté qu'il s'écoule sans rupture, avec en permanence confiance et excellence, réciproques.

Les Relations Humaines - plus valorisant que Ressources Humaines, où le terme *« Ressources »* associé à l'Humain est de plus en plus décrié, ont entre leurs mains, avec les Directions Générales, un moyen de développement et d'amélioration, remarquables, de la Culture Humaine dans l'entreprise.

❖ À commencer par le recrutement qui doit être repensé, en tenant compte à la fois de l'évolution des métiers, des comportements, des attentes :

⇨ Visibilité donnée aux candidats, le plus en amont possible, de la recevabilité de leur candidature : formulaire Internet intelligent avec retour immédiat - idem Crédit en Ligne ;

⇨ Équilibrage du rapport de force, encore trop unilatéral, entre le candidat et l'entreprise qui recrute dans un marché de l'emploi tendu ;

⇨ Privilège donné au projet professionnel du candidat qui vient rencontrer les projets de l'entreprise et voir s'il s'harmonise avec, plutôt que le clonage, profil à poste, avec des annonces qui ferment la porte aux talents atypiques et aux générations avancées en âge ;

⇨ Mais aussi, amélioration du parcours d'intégration, avec la traçabilité digitale de tous les événements qui le compose et suppression, pure et simple, de la période d'essai contractuelle : le contrat prend effet à l'entrée du candidat dans l'entreprise ;

⇨ Remplacement de la période d'essai par la « *période d'immersion* » flexible en durée selon les métiers, les secteurs d'activité, qui peut se terminer par une rupture conventionnelle : beaucoup plus juste, car les responsabilités sont souvent partagées, en cas d'échec en période d'intégration ;

❖ En passant par la formation, initiale et continue, qui sont essentielles au regard des compétences transverses de plus en plus requises, par la transformation qui touche la quasi-totalité des entreprises, des groupes, avec :

⇨ Au même titre que le recrutement, une veille permanente sur l'évolution des métiers sur le Marché : installer dans le même esprit qu'un CRM, un HRM Human Relationship Management, avec l'adaptation des programmes de formation en conséquence : employabilité, évolution interne ;

⇨ Une programmation des formations, inscrite dans le planning global des projets de l'entreprise, pour un meilleur équilibre de la charge de travail : tâches projets, tâches récurrentes, tâches managériales ;

⇨ La suppression des subventions de formation qui déforment l'intérêt et les cycles de formation, en leur donnant un caractère obligatoire et saisonnier et les remplacer par une contribution unique de l'Etat à l'employabilité ;

❖ En donnant de la modernité digitale au suivi des collaborateurs : bilans, entretiens d'évaluation, ainsi :

⇨ Points d'étapes réguliers - trimestriels - tracés dans le dossier digital du collaborateur avec tous les échanges écrits et oraux avec sa hiérarchie intégrés : du factuel à opposer en cas de litige ! ;

⇨ Bilan annuel, dans le même esprit que la rencontre des projets professionnels des candidats avec ceux de l'entreprise lors du recrutement, plutôt qu'un bilan « atteinte des objectifs » ; l'idée étant d'utiliser au minimum les données chiffrées, qui n'ont que la valeur qu'on leur donne, au profit d'une évaluation qui se terminerait par l'attribution d'une couleur, d'un symbole, d'une image choisie conjointement : manager/collaborateur, parmi une palette avec pour chacune l'explication associée.

Par exemple : couleur platine (la meilleure) = excellente attitude + excellents résultats + excellente marge de progression. Cette approche en mode couleur (Mapping) qualifierait chacun des événements principaux du cycle de vie du salarié, dans l'entreprise : recrutement, formation initiale, formation continue, bilans intermédiaires et annuels.

❖ Mais aussi, en attachant une attention particulière aux collaborateurs, qui restent dans l'entreprise, lorsque que d'autres doivent la quitter, dans le cadre de plans de départs volontaires, par exemple :

⇨ Évaluation, via des supports digitaux, des impacts de la suppression des postes sur les activités pérennes de l'entreprise, ainsi que sur la charge de travail : éviter le burn-out, réduire l'absentéisme ;

⇨ Mise en place de formations palliatives : afin de tenter d'amortir les effets de l'expertise emportée, par les départs ;

⇨ Liste non exhaustive !

La transformation de l'entreprise avec le digital est bien l'enrichissement de sa chaîne de valeurs, avec en tête, l'Humain et le Consommateur, là où l'entreprise peut vraiment faire la différence.

C'est donc bien de développement d'une « *Culture Humaine avec le Digital* » dont il s'agit et le mot Culture a toute sa dimension, dans un monde professionnel qui quitte progressivement ses silos, pour se décliner à plat, dans la transversalité des métiers, des organisations, des processus, des méthodes et des outils.

Ce que j'ai appris et retenu de mes rencontres et de mes missions, avec des entrepreneurs !

Voici, en quelques lignes et en toute spontanéité, ce que j'ai retenu de mes rencontres et de mes missions, avec des entrepreneurs dans 12 secteurs d'activité différents :

Qui sont-ils ?

- Des génies passionnés qui ont notamment anticipé les besoins du marché avec des projets en lesquels ils étaient les seuls à croire, tout du moins au début. Comme cette magnifique société qui customise les PC ou cette autre qui installe des écrans LED, eux aussi customisés, dans le monde entier, sans compter cette autre qui est spécialisée dans les circuits d'eau et d'air, avec une expérience d'une immense richesse, alliant toutes les qualités attendues d'une structure à taille humaine ;

- Des entrepreneurs nés ; des gens qui, dès leur plus jeune âge, ont évolué dans le monde de l'entrepreneuriat, avec leurs parents, leurs proches, y ont même travaillé en tant que salariés. Un peu comme dans le monde du cheval, la passion se transmet à travers les générations ;

- Des gens qui, après un parcours dans le salariat, avec ou sans expérience, ont décidé de se lancer dans le grand bain, de partir à l'aventure, d'être leurs propres patrons.

Qu'ont-ils fait (hommes ou femmes) ?

- Ils ont fondé des start-ups, des sociétés dans lesquelles ils ont d'abord essuyé les plâtres, en occupant plusieurs fonctions à la fois ;

- Ils sont allés, pour la plupart, à la pêche aux investisseurs, après avoir prouvé, la solidité de leurs modèles économiques ;

- Ils se sont trompés et ont su apprendre de leurs erreurs.

Pourquoi, avaient-ils besoin d'être accompagnés, à un moment donné ?

- Beaucoup ont pris conscience de cela tardivement. C'est bien dommage, car quand on est le nez dans le guidon, rien de mieux qu'un regard externe pour voir ce qui n'a pas été vu ; notamment au niveau commercial et opérationnel, les deux points faibles les plus souvent rencontrés ;

- Ils avaient du mal à passer le cap de la croissance, autrement dit celui de ne plus travailler uniquement avec l'équipe pionnière ou fondatrice, mais avec une nouvelle équipe structurée ;

- Certains n'avaient pas complètement intégré qu'une entreprise ne constitue pas qu'un seul champ à explorer, à exploiter, mais plusieurs : celui d'une activité principale, ayant parfois des difficultés à être rentable, mais indispensable pour développer son chiffre d'affaires, sa base Client ; celui de la formation : transmission du savoir acquis, des meilleures pratiques et ce savoir est immense ; celui de la commercialisation, en masse, d'objets pas chers, en lien avec l'activité principale ; enfin celui des Ressources Humaines, loin d'être le moins important de tous ;

- Ils travaillaient de manière intuitive et comme cela semblait bien fonctionner, ils ne voulaient pas changer : ceci existe aussi dans les grosses structures, s'exposant ainsi aux dangers d'une concurrence plus agile, plus à l'écoute de l'innovation et de son marché ;

- Ils étaient accaparés par les tâches administratives et de gestion, hyper chronophages, sans compter le temps passé, lors des divers contrôles, à justicier leurs actions ; leurs écritures ; leurs stratégies quand ils en avaient, prenant, par conséquent, un retard, parfois considérable, dans leur développement ;

- Ils s'improvisaient, par la volonté de ne pas alourdir la masse salariale, dans plusieurs métiers à la fois et ceci pas toujours de manière heureuse, car à la base, ils n'en maîtrisaient vraiment qu'un ou deux.

Synthèse des enseignements :

⇨ Un entrepreneur ne doit jamais s'enfermer dans ses certitudes, à l'instar du commun des mortels ;

⇨ Il doit veiller à assurer la continuité et la sécurité de son entreprise, en toute circonstance, autrement dit à ne pas la faire reposer uniquement sur sa personne ;

⇨ Il se doit de structurer son entreprise pour être crédible, notamment vis-à-vis de ses clients, de ses fournisseurs, de ses investisseurs ;

⇨ Il doit être en mesure de prendre des décisions, en mettant l'affect de côté ;

⇨ Il ne doit pas attendre pour partir à la recherche de nouveaux investisseurs et pour les convaincre de ce que l'entreprise sera d'ici 5 ou 7 ans ;

⇨ Il doit attacher une grande importance à l'Humain qui est bien plus qu'une ressource, mais une richesse ;

⇨ Il doit développer son entreprise de façon continue, ambitieuse et éclairée ;

⇨ Il doit s'assurer de la parfaite complémentarité entre le Commerce et les Opérations, car derrière, il y a le Client, sans lequel aucune entreprise ne sait exister et durer ;

⇨ Enfin, il doit capitaliser sur l'agilité de son entreprise.

L'entrepreneuriat est avant tout une aventure humaine, au cours de laquelle il est indispensable de garder les pieds sur terre !

Chacun d'entre nous est capable d'entreprendre. Il faut oser se lancer, sachant que c'est en faisant que l'on apprend à mieux faire !

Conclusion

Lorsque j'ai pris la décision d'écrire *« De l'inactivité forcée à l'activité libérée, comment j'ai vaincu le chômage à 58 ans ! »*, mon seul objectif a été de poursuivre, à travers lui, ma mission de vie.

Partager ; aider ; inspirer ; faire réfléchir ; donner du courage et de l'espoir ; sortir des sentiers battus ; bouger les lignes ; agiter les consciences.

Les premiers mots sont nés, alors que j'étais au fond du trou, que chaque jour, je me demandais si je n'étais pas devenu un *« interdit de séjour »* dans le monde du travail, au fur et à mesure que j'avançais en âge et en expérience.

Comme celui de beaucoup d'entre nous, parce que l'inactivité forcée n'épargne malheureusement la vie de personne, mon chemin a été long et difficile, parsemé d'embûches, mais aussi de moments inoubliables, de rencontres inoubliables, d'expériences inoubliables.

Dès lors que j'ai vu l'inactivité forcée et tout ce qui l'accompagne comme une aventure, tel un explorateur devant l'inconnu, mon ciel s'est éclairci. Je n'ai plus été à la recherche d'un poste, d'une mission à l'image de ce que je savais faire, mais à la recherche de moi-même.

Ainsi, j'ai fait plus que vaincre le chômage à 58 ans ! Je suis venu à bout de ce qui, pendant toutes ces années, m'avait empêché d'être moi-même, de vivre ce que j'avais envie de vivre, de me sauver avant de sauver.

Je me suis rendu compte que je n'étais pas, et ce, depuis toujours, « *manager-serviteur compatible* », mais un oiseau de caractère qui s'était mis en cage, les ailes brisées par son enfance, et qui a décidé un jour d'en écarter les barreaux, pour s'envoler là où les fleurs savent pousser parmi les cailloux, en gardant toute leur beauté, toute leur authenticité, toute leur originalité.

Remerciements

Un grand Merci à *Jean-Jacques, Élisabeth, Marc, Serge, Nathalie, Jean-Louis, Jeanette, Sylvia, Grégory, Michel, Aurélie, Mario, Christophe, Solenn, Sébastien, Véronique, Guillaume, Laurence, Victoria, Maria Elena, Guénola, Aurélien, Jackie, Angélique, Muriel, Jean-François, Maryline, Yolande, Mélanie, Françoise, Chloé, Laïd, John, Philip, Thomas, Camille, Aurore, Christel, Christian, Alain, Jean-Marc, Joachim, Pierre-Julien, Fouad, Stéphanie, Isabelle, Valentine, Alban, Éric, Khelifa, Fadoua, Marie, Thierry, Killian, Kamal, Audrey, Nicole, Paul, Jean-Philippe, Rahil, Delphine, Julie, Vincent, Anne, Karine, Laurent, Fabienne, Agathe, Elodie, Pascal, Normand, Sophie, Anne-Laure, Bernadette, Marie-Noëlle, Catherine, Christine, Patrick, Valérie, Jérôme, Alexander, Seddik,...*

Et à bien d'autres encore.

Mais également à mes managers, mes collègues, mes relations réelles et virtuelles, mes amis, mes pairs, mes mentors, dont je n'oublierai jamais le soutien, les conseils, la confiance, les postes et les missions confiés.

Ce livre a été écrit pour vous rendre hommage, de toute mon authenticité, sans craintes et sans calculs, mais aussi pour toutes les personnes qui se reconnaîtront à travers les hauts et les bas de mon parcours professionnel et de vie, comme une source d'espoir et de rebond.

Merci à vous, Chers Lecteurs, d'avoir pris de votre temps pour le découvrir.

À propos de l'auteur

Natif de ce beau pays qu'est le Maroc, depuis ma petite enfance, les comportements n'ont pas manqué d'éveiller ma curiosité ; ceux-ci étant, de mon point de vue, de justes révélateurs de la personnalité.

Sensible et persévérant, j'ai beaucoup appris de la vie à travers ma relation avec les autres. Toutefois, je me suis oublié, pendant de longues années, avant d'accomplir la retraite, introspective et spirituelle, qui m'a permis de remédier, en particulier, à un sérieux manque d'assurance et d'attentions à mon égard.

Échanger avec des personnes, connues ou rencontrées par hasard, m'a aidé à porter un regard différent sur le monde dans lequel je vis. Plusieurs d'entre elles ont apprécié mon altruisme et la façon dont il se manifestait, par le biais de chroniques ou de citations publiées sur les réseaux sociaux. Certaines m'ont suggéré d'écrire un livre, ce que j'ai fait avec beaucoup d'émotion et d'application.

Ainsi est né mon premier livre « *La culture du Client* », fruit de quarante années consacrées à la satisfaction du Client, mais aussi à organiser, à diriger, à redresser, en tant que salarié ou consultant, tout type de structure, en France et à l'international.

D'autres ont suivi. Des essais, des contes, des romans, des recueils ; résultats d'une écriture spontanée où les mots s'alignent, dictés par mon cœur et par la richesse de mon parcours. Auteur libre et engagé, je dis ce que je pense et pense ce que je dis.

Belle découverte de mes ouvrages. N'hésitez pas à laisser un avis à l'issue de vos lectures, il est précieux.